你說的話，對孩子是心靈雞湯，還是心靈毒藥？

出口保行
Deguchi Yasuyuki

前言

一萬名罪犯讓我學會的事

犯罪、非行*和偏差行爲的背後，通常與家庭環境密切相關。然而，來自家庭環境的問題，並非只有我們刻板印象中的虐待、怠忽親職、貧窮等。

事實上，許多父母喜歡掛在嘴上的「為了孩子好」的話，往往會成為侵蝕孩子的「心靈毒藥」，戕害孩子的未來。

父母未經深思熟慮的無心之言，才是最大的問題所在。

這是我針對超過一萬名罪犯及非行少年，進行心理分析*後得到的結論。

目前我的工作是在大學裡教授心理學，但過去曾在法務省*負責心理相關工

*註：「非行」一詞源自日語，意指未成年者的犯罪或行為偏差。臺灣國內犯罪學者多沿用作為專有名詞，本書亦予以保留。

*註：本書中所稱的「心理分析」指的是，犯罪心理學（Criminal Psychology）中針對犯罪行為者的心理分析。實際上，可能涵蓋眾多心理學範疇，而非單指榮格的分析心理學（Analytical Psychology）或弗洛伊德的精神分析學（Psychoanalysis）。

*註：日本法務省，類似臺灣法務部。

作長達二十二年。在那段時間裡，我待過許多不同的單位，其中包含青森、橫濱、高知、松山這四個地方的少年鑑別所*、專門關押重刑犯的宮城監獄，以及東京看守所*。

除此之外，我也曾經在位於霞關的法務省矯正局*，以及法務省大臣官房祕書課*、法務綜合研究所*等單位任職過。

在這些職場上，我站在心理分析的角度，觀察過各種不同類型的犯罪，以及許多非行行爲。

例如，任職於東京看守所的那段期間，是日本在二戰後犯罪事件最多的時期，我在那裡接觸了竊賊、奧姆眞理教涉案者、幫派組織成員、大規模竊盜集團及外國人犯罪集團等，幾乎所有在日本能夠遇上的犯罪類型，我都曾經進行過心理分析。

此外，宮城監獄是專門收容長期受刑人（包含無期徒刑）的監獄，在那裡我也分析過強盜殺人、強姦殺人、恐攻殺人、保險金殺人等重大犯罪的受刑者。待在少年鑑別所的期間，我則分析過偷竊、吸毒乃至於殺人等各式各樣非行少年的心理狀態。

每一次的剖析都讓我印象深刻，深深烙印在腦海裡。

犯罪及非行本身雖然不可原諒，但每當我看見那些犯下了惡行的少年時，有時會感慨他們其實也算是蒙受父母及其他大人戕害的「犧牲者」。這些少年們會變壞，絕對不是他們自己一個人的錯。

如同一開頭所說的，即使是乍看之下沒有任何問題的家庭，也可能會因爲父母基於「爲了孩子好」的心態而說出口的一些話，造成「適得其反」的效果，讓問題越來越惡化。

當然，天底下絕對沒有希望孩子犯罪的父母。大多數的父母在發現孩子的錯誤行爲時，都會驚訝地大喊：「我的孩子怎麼會做出那種事？」

*註：日本少年鑑別所的職責，在於根據家庭法院的要求，對違法少年進行鑑別（鑑定），包含分析少年的人格特質，以及調查其家庭背景。

*註：日文為「東京拘置所」，位於東京都葛飾區，是日本七座執行死刑的刑場之一，也是日本最大看守所，設有絞刑室。

*註：法務省矯正，日本監獄組織的最高行政管理機構，負責全國矯正機構的指揮監督，並管理罪犯指紋的收集、分析和保存；類似臺灣的法務部矯正署。

*註：大臣官房，是日本行政機關中，內閣府及各省必定設置的內部部局之一，設於廳內的稱為長官官房。

*註：法務總合研究所，日本法務省機構之一，負責進行與法務相關的調查研究，以及對法務省職員進行培訓等工作。

甚至連周遭的人也可能會大吃一驚，「明明是很乖的孩子，怎麼變壞了？」「那一家人明明是典型的理想家庭，到底發生了什麼事？」他們可能會不約而同地提出這樣的疑問。但只要仔細分析犯罪者的心理因素，必定能夠找出其理由。

要怎麼做，才能讓孩子擁有適應社會的能力，過著幸福的生活？孩子身邊的大人們應該注意哪些事情？

我曾對超過一萬名罪犯及非行少年進行過心理分析，這也意味著我見過超過一萬個失敗的例子。

藉由失敗的案例，不僅能夠避免重蹈覆轍，也可以為「如何獲得成功」找到一些眉目。而在這個問題上，所有的父母都無法置身事外。

根據過去的所有經驗，我寫了這本教導父母如何教育孩子的書。這是我首次撰寫以大眾為目標的書籍，或許有些地方不夠淺顯易懂，但衷心期盼本書具有讓所有的讀者都願意取來一讀的價值。

還有一點，我必須事先澄清。

從第1章開始，在每章的開頭，會先舉出犯罪者和非行少年的案例，但基於保密義務，無法毫不隱瞞地直接寫出我實際負責過的案子，所以本書內容中的案例皆屬虛構。

這意味著人名皆是假名，內容也是大致與實例雷同。而且爲了避免與實際案件過度相似，在細節上我會加入一些變化，或是想辦法將不同案例結合在一起。

另外，在每個案例裡，我還會列出最值得注意的「心靈毒藥」，並且加入一些解釋，期望能成爲家長們教育孩子時的參考依據。

出口保行

第1章

「跟大家好好相處」會破壞孩子的人格特質

第2章

「快一點」會破壞孩子對未來的預期能力

第3章

「多加點油」會讓孩子喪失努力的動力

第4章
「你要我說幾次」會破壞孩子的自我肯定感

第5章 「好好用功唸書」會破壞彼此的信賴關係

第6章

「小心點」會破壞孩子的同理心

終章 能夠讓孩子變得更好的父母之愛

序章

「爲了孩子好」只是父母的自我滿足

「為了孩子好」這句話，為何容易讓孩子誤入歧途？

在進入第1章之前，先來說明一些在教育孩子上的重要觀念。

父母基於對孩子的關心，一定會提出一些要求，包含了「可以做什麼」，以及「不能做什麼」。每個人生下來，都是這個社會的一分子，沒有人能夠完全活在自己的世界裡，都必須學習適應這個社會。

例如，「不能偷別人的東西」、「不能對他人使用暴力」等，都是父母一定要教導孩子的重要規則。

身為父母至少要讓孩子學會最低限度的社會規範，以免日後進入社會之後，凡事寸步難行。

根據我過去接觸非行少年的經驗，有一些非行少年的家長過度放任孩子，沒有確實盡到身為父母的責任。像這樣的家長，不管孩子惹出任何問題，他們都會抱持「那不是我的責任」、「孩子做的事與我無關」的態度，想當然耳必定會對孩子造成不良的影響。

法務教官所感受到的父母問題

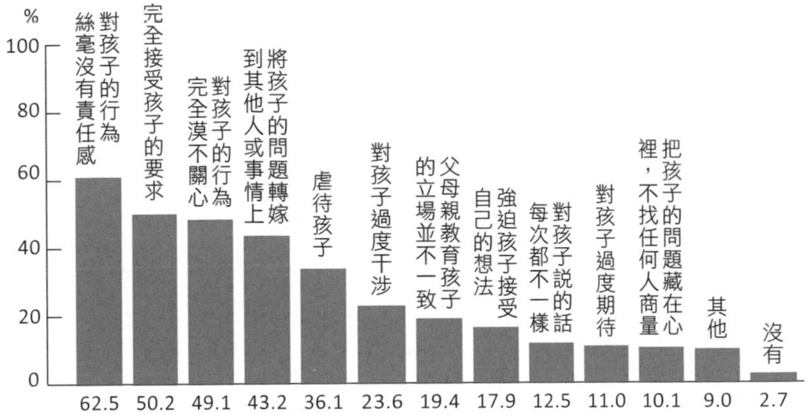

※出處：平成17年版（2005年）犯罪白皮書〈少年非行〉（法務省）

這裡有一份問卷調查，內容是關於少年院的老師（法務教官），所感受到的「院內少年的父母具有什麼樣的問題」。

根據這項資料，可以看出少年院老師們所感受到的問題父母前三名，分別爲：「對孩子的行為絲毫沒有責任感」（62.5%）、「完全接受孩子的要求」（50.2%）及「對孩子的行為完全漠不關心」（49.1%）。

由此可見，「父母缺乏責任感」是許多少年院老師心目中，所認定的最大問題。

如果父母從來不教導孩子任何社

會規範，在孩子犯了錯之後，還擺出一副「孩子做的事情與我無關」的態度，孩子將永遠沒有機會思考自己的責任問題，要讓孩子改過自新當然也會變得相當困難。

但是另一方面，父母爲了讓孩子適應這個社會，而提出的「必須這麼做」或「不能這麼做」的要求，也有可能壓得孩子喘不過氣來，甚至導致孩子做出意想不到的不良行爲。

「我這麼做都是爲了孩子。」

類似這樣的話，我已經不知聽多少非行少年的父母說過。他們認爲自己不僅認眞地教育孩子，沒有怠忽親職，更沒有虐待孩子，對孩子提出的一切要求，都是爲了孩子好；抱持這種想法的父母絕對不在少數。

「我實在不明白，爲什麼我的孩子會做出那種事情……」

很多父母最後都會說出這樣的話。

爲什麼爲了孩子好而說出的話或做出的事，反而會導致孩子誤入歧途，做出犯罪行爲呢？

「客觀事實」與「主觀現實」的差異

在前言提過，我曾經對超過一萬名罪犯及非行少年進行心理分析。首先，我想先針對犯罪心理學中的心理分析，來做一點簡單的說明。

心理學屬於一種「科學」，是以事實爲基礎進行分析的學問，與占卜或預言完全是不同領域的概念。

我上電視節目的時候，有時會遇到請我「猜一猜」對方心裡在想什麼的請求？然而，在心理學的領域，其實並沒有「猜一猜」這回事。

要說出任何的結論之前，都必須先依據證據及資料進行分析。

在實務上進行心理分析，具體來說有三種方式，分別爲：「一對一的對談」、「心理測驗」及「行為觀察」。

當進行對談時，分析者會仔細詢問分析對象的家庭背景、成長過程及學校生活。尤其是家庭背景的部分，分析者首先會反覆確認分析對象的每一個家人的個性及特徵。像這樣的對談，基本上不會一次就結束。

這麼做的目的在於，查清楚分析對象的心中究竟存在著什麼樣的記憶，以及這些記憶對其人格的塑造產生了什麼樣的影響。在心理分析上，這是絕對不能省略的環節。

對談時，心理分析師會詳細詢問犯罪事件的整個背景，以及來龍去脈。於是，經常有人會好奇地問道：「那與警察的偵訊有何不同？」實際上，可說是天差地遠。

警察偵訊的目的，在於依循時間軸來釐清所有的客觀事實。例如，幾點幾分，在哪裡做了什麼事？這些供詞都會成爲日後進行審判的資料。因此，注重的是「客觀事實（objective facts）」。

然而在心理分析上，重視的並非客觀事實，而是「主觀現實（subjective reality）」。

當然，我們也會針對客觀事實進行詢問，但相較下來會更在乎「當事人心裡怎麼想」。畢竟，有些事情在外人的眼裡只是微不足道的小事，卻有可能在當事人的心中造成巨大的衝擊。

例如，父母隨口說出的一句「還得再加油一點」，可能會對孩子造成非常沉重的負擔。當然父母在說出這句話時，依據的是客觀事實，但是在孩子的主觀現實裡，可能會將這句話解讀成「我是個不成材的孩子，不管做什麼，都沒辦法讓媽媽滿意」。

第二個方式「心理測驗」，是一種確認人格特徵的測驗。進行對談時，我們重視的是主觀現實；而進行心理測驗時，同時會進行客觀的檢測及評分。

相信大多數的人多少都曾接觸過一些心理測驗的小遊戲，像是透過一、兩個問題，然後告知「你是個○○的人」。然而，使用在犯罪心理分析上的心理測驗是相當專業的，只有專家才能正確執行及解讀，而這也是心理分析十分重要的環節之一。

第三個方式「行爲觀察」，指的是在進行對談時，多數的罪犯都會為了降低自己的罪責而「裝好人」，或是「假裝已經深刻反省」。

例如，很多罪犯在面談時，會一把眼淚一把鼻涕地說出「我知道自己做了非常過分的事，今後一定會洗心革面，好好重新做人」之類的話；然則等到周圍都沒有人時，他們就會躺在地上，發出不以爲然的哼笑聲。

正因爲有太多類似的例子，所以除了面談之外，「行爲的觀察」也是不可或缺的部分。

當家庭法院要求少年鑑別所針對非行少年進行詳細調查時，少年鑑別所大約會耗費約四週的時間，對少年執行上述的心理分析。而分析的結果，會提供給家庭法院當作判決時的依據。若最後判決少年必須進入少年院的話，這份心理分析結果也會成爲少年院內重要的參考資料。

任何人都有機會改過自新

像這樣的心理分析，必須從許多面向來反覆進行。因此，光是針對一名罪犯進行心理分析，就必須付出非常多的時間及精力。不過，分析的成果能夠運用在罪犯的更生計畫上，絕對不是白費力氣。

常有人誤以為，犯罪心理學是「研究為什麼會犯罪的學問」。當然，研究犯罪原因相當重要，我們必須分析「為什麼他會做出這樣的行為」，但這並不是最終的目的。

犯罪心理學的終極目標，是提出更生計畫的方針。

為了讓罪犯在回歸社會後能夠維持自律的生活，他們必須接受一些教育。而這些教育的內容，就是所謂的「更生計畫」。

在訂定更生計畫之前，我們必須花上非常多的時間進行心理分析。由於這些更生計畫都是量身訂做，所以每一名更生人的計畫內容都不一樣。

事實上，日本少年院有非常高的更生成功率。在離開少年院之後，五年內因再犯而被送回少年院的比例約15％。換句話說，更生成功率高達8～9成。

值得注意的，非行少年被送進少年院的比例本來就很低。以二〇二〇年爲例，家庭法院所審理的非行案件總計約4萬4千件，其中被送往少年鑑別所的人數只有約5千2百人，被送進少年院的人數更是只有約1千6百人。算起來，進入少年鑑別所的比例只佔整體的12%，進入少年院的比例更是只有4%。*

其實，會被送往少年院的，都是一般人眼中「壞到骨子裡」的少年。若是對這些少年置之不理，通常會被認定爲「絕對不可能適應社會生活」、「一定會持續犯罪」。

不過，像這樣的少年在進入少年院生活一年左右，重新回到社會，竟然大多數都能夠改過自新，過著正常的生活。

只要這麼想，就會明白8～9成的更生成功率，是多麼了不起的數字。

之所以能夠實現如此傲人的更生成功率，一般認爲應歸功於矯正教育以犯罪心理學為基礎的更生計畫，以及教育理念的徹底落實。

由此可知，只要確實做好心理分析，再根據分析結果執行個別的教育計畫，就算是「壞到骨子裡」的人，也可以在回歸社會後維持自律生活。

我一直抱持這樣的觀念，少年院的老師們當然也對此深信不疑。

父母「為了孩子好」所做的事，不見得真的對孩子好

老實說，處理父母的問題，會比處理孩子的問題更加麻煩得多。

我們可以設法改變孩子，卻很難改變孩子的父母。如果父母不肯跟著改變，要讓孩子確實改過自新，是非常困難的。

我見證過許多非行少年的更生過程，通常會建議父母：「請不要徹底否定孩子的想法，就算再怎麼不以為然，也應該站在接納的立場循循善誘。」

有些父母在聽我這麼說之後，會徹底明白過去的做法對孩子是一種折磨，並試著向孩子道歉：「過去是我錯了，沒有察覺到你的感受。」努力改掉過去做得不好的地方。

＊註：其出處為，令和三年版（二〇二一年）犯罪白皮書（法務省）。

有這樣的父母，非行少年要改過自新，通常不會太困難。雖然必須背負曾經犯罪的沉重包袱，但經過事件之後，少年的表現會越來越好。

另一方面，也有一些父母完全不肯接納我的建議。

「我有我的做法，你懂什麼？」

「別對我說那些大道理，你以爲我不懂嗎？我的做法沒有問題！」

他們通常會這麼反駁，甚至對我大吼大叫。

當父母認爲自己所做的「都是爲了孩子好」時，就算聽見他人說：「這麼做對孩子有害無益。」也很難虛心接納。我非常能夠體會那種心情。

然而，**有很多父母眼中「為孩子好」的做法，其實都是在戕害孩子，這是不爭的事實**。或許剛開始只是一些想法上的齟齬，久而久之，就會演變成無法挽回的嚴重問題。

所有父母都有可能陷入這樣的困境，因此在說出「這對你有好處」、「這麼做都是爲了你好」之類的話時，建議應該再仔細想一想「眞的是這樣嗎？」

再強調一次，重要的並非「客觀事實」，而是孩子心中的「主觀現實」。

父母容易陷入的「驗證性偏誤」

事實上，由於「驗證性偏誤」的關係，父母往往很難修正教育孩子的方針。

驗證性偏誤（confirmation bias）是一個心理學上的術語，意思是人們經常會下意識地蒐集對自己有利的訊息。

這會導致眼前所見的，都是能夠證明「自己的想法並沒有錯」的訊息，而對於足以證明想法錯誤的訊息，則往往視而不見。如此一來，想法當然就會越來越偏向一廂情願，導致做出偏誤的判斷。

這個問題並非只發生在教育孩子上，任何事情都有可能出現類似的狀況。也正因爲會發生在任何人身上，因此我們必須隨時提醒自己，盡量聆聽不同的聲音，給予想法並獲得平衡的機會。

不過，和其他事情相較之下，「教育孩子」確實比較容易掉入「驗證性偏誤的陷阱」。這是因爲一般人多認爲在教育孩子及家庭問題上，外人不該置喙。

就算周遭的人心裡想著「他實在應該多聆聽孩子的想法」，一旦說出口，可能就會引來「關你屁事」的反駁。此時，對方只要再補上一句「我們家有我們家的做法」，外人就算有再多的建議也說不出口。

除非父母的做法已經到了逾越常理的地步，像是虐待孩子等，否則局外人往往很難加以干涉。就算眞的是虐待孩子，只要父母堅稱「我這是管教，不是虐待」，外人要介入也不是一件容易的事。

因此我們可以說，家庭是一個封閉的空間，一旦父母有了「應該這麼教育孩子」的想法，就會形成外部的訊息很難傳入的屏障。而且在這個狀態下，就連孩子發出了求救訊號，父母也很難察覺。

孩子通常沒有辦法明確地表達「希望父母更加理解我」，或是「希望父母認同我的想法」。他們會把這些想法，轉化爲生活上的一些小小變化，像是頂嘴，或是突然不做原本該做的事情。

孩子的求救訊號，往往會表現得相當隱晦。

一旦父母掉進了驗證性偏誤的陷阱，就會變得一意孤行，沒有辦法察覺孩子的行爲變化背後所代表的意義。這麼一來，孩子心中的不滿情緒，就有可能因爲一點小小的事情而徹底爆發出來。

這就是爲什麼父母的「爲了孩子好」，反而會導致孩子出現非行或犯罪行爲的原因。

當然父母原本的教育方式不見得一定行不通，如果親子間的相處沒有任何問題，那當然很好。

我只是想要提醒父母，在孩子的教育上，很容易會出現驗證性偏誤。

給自己好好思考「是否過度一廂情願」的機會

想要在孩子的教育上遠離驗證性偏誤，最好的方法就是，給自己自我檢討的機會，好好想一想自己「為了孩子好」的做法，是否過度一廂情願？

這不是什麼困難的事情，不用想得太複雜。例如，只要夫妻或扶養者之間經常對話溝通就行了。

多聽聽他人的意見，或許就能察覺存在於自己想法裡的驗證性偏誤。而且既然是家庭內的成員，應該比較能夠互相指出問題。

舉個例子，假設妻子認爲「應該讓孩子多學一些才藝。父母應該爲孩子創造學習的契機，才能讓孩子有所成長」，但丈夫卻認爲「讓孩子學太多才藝，會沒有時間和朋友一起玩，這樣實在太可憐了。這個年齡的孩子，自由遊玩的時間相當重要」。像這樣的意見分歧，是很常見的狀況。

如果夫妻能夠在溝通後互相認同「你說的也有道理」，最後在兩人的想法之間找到折衷點，可說是最佳的狀態。而且孩子也會感受到「父母正在認眞討論我的事情，可見得他們很關心我」。

因此，不論最後決定如何，親子之間的「**溝通的過程**」，本身就具有相當大的意義和宗旨。

最差的狀態，則是夫妻分別以不同的教育方針來指導孩子。

例如，其中一方可能會告訴孩子，「雖然你媽媽（爸爸）那麼說，但爸爸（媽媽）的想法是〇〇」。這也是相當常見的狀況，一旦家庭陷入這種狀態，孩子會無所適從。

剛開始，孩子還會臨機應變，在父母的面前各自表現出不同的言行舉止。但這種狀況沒有辦法長久維持，而且孩子會感受到相當大的壓力，終有一天會突然爆發。

在一份針對「孩子進入了少年院的父母」的問卷調查中，對於孩子的教育問題，選擇「**夫妻教育孩子的立場不一致**」的比例位居第二。其中比例最高的則是「**對孩子太囉嗦**」，約有七成的母親都選擇了這一項。

非行少年扶養者的自我反省

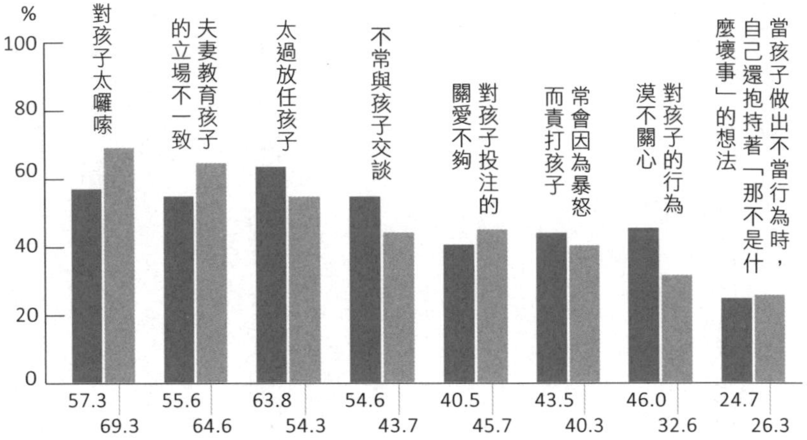

■ 父親 ■ 母親

※出處：平成17年版（2005年）犯罪白皮書〈少年非行〉（法務省）

由此可以看出，當夫妻對於「教育立場不一致」抱持不滿時，會導致什麼樣的後果。妻子（丈夫）內心會認爲：「我這麼爲孩子著想，丈夫（妻子）卻不肯幫忙，他根本什麼也不懂。」

當內心越來越不滿，就會產生「就算只有我一個人也要好好教育孩子」的想法，「驗證性偏誤」也會越來越嚴重，如此一來，對孩子就會越來越囉嗦。

之前我與非行少年的父母進行對談時，當我問出「你們夫妻是否曾經就孩子的問題進行溝通」時，得到的回答往往是「怎麼可能」，或是「跟他談也沒有用」。

夫妻常會氣呼呼地互相指責對方的不是，在這種情況下，連好好教育孩子都沒辦法做到，更遑論互相提醒對方的驗證性偏誤，到頭來承擔後果的還是孩子。

夫妻如果願意好好溝通，嘗試理解與自己不同的想法，問題往往就能夠有所改善。

真正的關鍵，並不在於「立場不一致」。

夫妻都是獨立的個體，擁有不同的價值觀是理所當然的事。在教育孩子的方針上，立場不一致可說是常態，立場完全一致反而相當罕見。

立場不一致並沒有什麼關係，重要的是「必須維持對話與溝通」。

如果是單親家庭，沒有溝通的對象，建議透過各國政府設置的管道，徵詢專家的意見*。若是自己的父母或兄弟姐妹之中，有人能夠熱心地提供意見，那當然是再好不過；但當想法不一致時，要做到良性溝通其實並不容易。

＊註：台灣各縣市的社會福利服務中心或單親家庭福利服務中心，有提供單親家庭遇到困境之相關協助，包括有托育服務、育兒指導、親職教育、情緒支持、經濟扶助等。

因此，遇上這種情況，最好還是向專家求教。即便孩子沒有惹出什麼事情，也可以詢問專家，進一步了解自己的教育方式是否適當。

此外，也可以透過自我檢測的方式，找出存在於自己心中的驗證性偏誤，而本書也會針對自我檢測的方式進行說明。

修正教育方針時，應該要注意的事

父母站在指導孩子的立場，為的是讓孩子能夠過著自律的社會生活。

除此之外，每個父母一定都對自己的孩子有所期待，可能是希望孩子變成什麼樣的人，也可能是期盼在某個領域有活躍的表現。

這就是父母的「教育方針」。

正如同前文提到的，父母很容易掉入「驗證性偏誤的陷阱」，因此在訂定教育方針之後，還必須隨時加以檢視及修正。

另一方面，我也相信並不是每個父母都對孩子抱持著明確的教育方針。甚至可以說，絕大部分的父母都沒有確切的方針，只是根據自己的兒時經驗，籠統地做出「這樣或許對孩子比較好」的決定。

如果是這種情況，當然也沒有什麼教育方針可以重新檢視，就只是不斷做出當下覺得比較好的決定而已。再加上現在是資訊爆炸的時代，到處都充斥著「孩子應該這麼教」的不同說法，相信這也讓許多家長無法訂定出確實的教養方法。

如上所述，有些家長具備明確的教育方針，有些家長則否，但無論如何都必須明白一個最基本的觀念——那就是，親子間的信賴關係，才是最關鍵的重點。

一天到晚改變教育方針，也不是一件好事，畢竟一個朝令夕改的家長，沒有辦法獲得孩子的信賴。

然而，比朝令夕改更加糟糕的，就是擅自改變教育方針，卻沒有告訴孩子。孩子不知道爲什麼改變，也會因此產生不信任感。

本書所介紹的所有犯罪案例，都有一個共通點，那就是「孩子對父母抱持不信任感」。

當孩子對父母不信任，長大之後，也會對整個社會抱持不信任感及疏遠感。不信任「包含父母在內的所有大人」，這對孩子來說是最大的不幸。

因此，少年院的老師們努力在做的，其實就是以行動來讓孩子們明白，「大人並不是你的敵人，這世上有許多值得信賴的大人」。他們每天都在告訴孩子：「不用感到害怕，你可以信任我。」

必須要先建立起穩固的信賴關係，接著才能指導更生之路。否則儘管指導的方法再怎麼高明，一旦孩子不信任，就沒有辦法產生任何效果。

當老師基於某些原因而必須調整更生計畫，一定會事先告訴那個孩子。雖然每個孩子的更生計畫，都是根據心理分析結果審慎制訂而成，但畢竟只是一個帶有假設性的計畫，在執行的過程中，很有可能會出現必須調整方針或是修正一部分內容的情況。

上述這樣的情況，老師在修改方針之前，一定會先告訴孩子：「原本我們是基於〇〇的假設，才訂定〇〇的方針。但現在發現假設似乎不正確，所以決定以〇〇的方式來調整。」

如果沒有事先告知就擅自修改，孩子一定會感到不知所措，這麼一來，信賴關係也會被破壞。比起變更了方針卻不告知，不如不要變更還比較好。

由此可知，孩子的不信任感，是我們最在意的問題。

以下舉個例子。假設有個家長過去不斷告訴孩子：「身爲哥哥，你應該要當弟弟妹妹的榜樣。」後來家長發現這麼說會帶給孩子相當大的心理壓力。請問，此時他應該要如何改變教育方針？

如果這個家長突然告訴孩子：「以後你不用在意別人的眼光，好好做自己就行了。」孩子一定會感到不知所措，內心還會萌生出「那過去你說的那些算什麼」，不信任感也會油然而生。

像這種情況，建議應該要這麼表達：「過去一直要你扮演哥哥的角色，可能讓你產生了一些壓力，眞的很抱歉。我很盼望你也能過幸福的生活，所以往後我會盡量不再說那樣的話。雖然你們是兄弟姐妹，但希望你們每個人都能夠發揮自己的特色……」

只要像這樣誠心誠意地告訴孩子，孩子一定會接受。能夠說出這種話的父母，必定可以獲得孩子的信任。

有些父母或許會認爲「孩子還小，說了也不懂」，但實際上並不見得。詳細的理由或許聽不懂，但理解大致的意思應該不成問題。

父母認真與自己對話的感覺，能夠帶給孩子安心感，而這種認真說明的態度，才是最重要的。

為人父母也可能做出錯誤的決定，改變並不是一件可恥的事。天底下不會有人是打從一開始就是完美的。

因此，如果你覺得過去對孩子的說法是錯的，想要換一個更好的，建議一定要好好向孩子說明。千萬不要抱著敷衍的態度，或是因怕麻煩而保持沉默。

親子之間只要能夠建立起信賴關係，不管人生之中發生任何危機，相信都可以共同克服。

第1章

「跟大家好好相處」會破壞孩子的人格特質

案例1

小航

竊盜（店內行竊）——

與同伴共謀在書店偷了26本雜誌

…

小航是個相當平凡的國中二年級學生，成績中等，在班上和同學相處得不錯，並沒有遭到排擠或欺負。社團參加的是足球社，國小曾經參加當地的足球少年隊，而且還會經當過正式隊員。

小航的最大煩惱，是不敢表達自己的想法。

父母總是不斷告訴小航：「一定要跟大家好好相處。」導致他多數時間都在看別人的臉色，每次想要表達自己的意見之前，總會忍不住思考「別人會怎麼想」。

國小時，小航告訴父母想要建議足球隊製作統一的制服，得到的回答卻是：「沒有必要故意出風頭吧！」從那次之後，小航就不太敢對父母說出內心的想法。

後來小航又對父母提出了幾次建議，但每次父母都以「得先問問○○家的意見才行」爲由拒絕。有了幾次這樣的經驗之後，小航就算心裡有想做的事，也會認爲「反正爸爸媽媽一定不會贊成」，從此個性變得相當消極。

上了國中二年級，小航剛好與從國小就認識的眞治同班。

小航向來不知道怎麼跟眞治相處，因爲眞治是個領袖型的孩子，有什麼想法都會明確地說出口，還是足球社隊公認的下一任隊長最佳人選。

只是不知道爲什麼，眞治很喜歡找小航的麻煩。

「不要畏畏縮縮，有什麼想說的話就說出來。」

「沒什麼啦……！」

小航因爲不想跟眞治起衝突，總是這麼回答。然而，小航的這種態度，反而激怒了眞治，挑釁行爲也越來越明顯，甚至在足球比賽中故意伸出腳將小航絆倒。

這也讓小航感覺待在社團裡的壓力越來越大，漸漸變得經常請假，不喜歡去社團了。

「你是不是有什麼煩惱？」

某天放學，小航在教室裡發呆，光也忽然走過來這麼問他。

光也是個有點品行不良但外貌帥氣的同學，運動會時總是擔任應援團*團長，在同學之間相當受到敬重。

小航首次說出了心中的煩惱。

「我很討厭眞治，但不敢告訴爸媽，也無法告訴任何人。」

「爲什麼不敢告訴爸媽？」

「爸媽總說好孩子得跟大家好好相處，要我當弟弟的榜樣。」

「原來如此……我倒是認爲有討厭的對象也沒什麼關係。」

於是，小航變得非常喜歡與光也在一起，因爲只有他能明白自己的煩惱。所以當光也問小航「下次要不要一起去偷東西」的時候，小航二話不說就答應了。

雖然知道那是不好的事情，但小航非常希望「與光也擁有共同的祕密」。

後來小航才知道，光也是偷竊的慣犯。

光也偷東西並不是缺錢，而是當成一種刺激的遊戲。剛開始光也只是一個人偷，後來他爲了追求更大的刺激感，開始找同伴一起，而且還會比賽誰偷得比較多。

同伴們甚至有人把這種行爲正當化，聲稱「這只是一個比賽誰偷得多的遊戲而已，我們並沒有把東西賣掉，只要事後還回去，就不算眞的偷東西」。後來他們偷了許多書本及雜誌，根本沒有讀，只是堆在家裡。

就這樣，小航也跟著光也及其他同伴，一起到大型書店偷書，而且逐漸變成了慣犯。

＊註：應援團，是日本體育文化中的鼓舞團體，比賽時會在場外鼓舞喝采，性質類似啦啦隊但走硬派風格，能夠參加應援團在日本通常被視為男子漢的象徵。

「跟大家好好相處」背後隱含的問題

小航因爲長年被父母要求「要跟大家好好相處」，就算有任何想法也不敢提出，因此累積了相當多的壓力。顯然他的父母具有「非常重視團體和諧」的價值觀。這個價值觀本身當然沒有錯。

小航父母的最大問題，在於太過重視團體和諧，而漠視了小航的內心感受。聽在小航的耳裡，「要跟大家好好相處」與「不要有自己的想法」畫上了等號。對小航造成最大打擊的一件事，就是他告訴父母想要建議球隊製作制服時，父母卻回答「沒有必要故意出風頭」，這也讓小航開始產生了「不能說出自己願望」的想法。

乍看之下，小航似乎和任何人都能當朋友，學校生活也沒有任何問題，但他的心中一直抱著「討厭眞治，不想和他相處」的煩惱。或許這樣的煩惱在大人眼裡根本沒什麼，對當事人來說，卻是相當嚴重的問題。社團活動變得經常請假，其實正是小航發出的求救訊號。只要仔細觀察，一定能夠發現他在這個時期的狀況有些不太對勁。

父母如果能夠在這個時期察覺他的異狀，好好與他談一談，相信就不會有後續的犯罪行爲。可惜在這段時間，對他表達關心的是喜歡偷東西的光也，而小航第一次說出眞心話的對象是光也。所以兩人很快地變成了好朋友，不久之後，小航就成了竊盜慣犯集團的一分子。

在小航的竊盜行爲剛被發現時，相信周圍的大人們一定都很驚訝：「那個孩子明明看起來很乖，怎麼會做出那種事？」

事實上，一個沒有辦法表達自己內心想法的孩子，一個每天都在看人臉色的孩子，在遇到事情的時候往往會缺乏決斷力。

這樣的孩子只擅長配合他人，沒有辦法以批判的眼光看待事物，因此在受到慫恿時，也無法做出「不應該做這種壞事」的判斷。

跟所有人都當好朋友，確實是一個很棒的理想。只不過，當大人對孩子說「要跟大家好好相處」時，其實背後隱藏著大人的私心。

簡單來說，孩子之間的相處如果發生問題，處理起來會很麻煩，所以大人總是會希望孩子跟所有人相處融洽。

事實上，大人的這種心態，孩子也心知肚明，才會在聽到大人說「要跟大家好好相處」時，感覺自己沒有受到重視。

如果做得到的話，孩子自己當然也會希望跟大家和睦。正因爲有做不到的理由，孩子才會發愁。

當孩子沒有辦法與同儕好好相處時，大人應該做的，就是與孩子一同尋找解決的辦法。

現在回頭來看看這個案例。

當小航表示想要建議球隊製作制服時，父母應該先問：「爲什麼你會有這樣的想法？」聽完了小航的想法之後，父母也可以說出自己的看法。例如，「爸爸媽媽在意的是其他人會怎麼想」、「爸爸媽媽擔心這件事情如果一直談不出結論，反而會害你沒有辦法專心練球」。

就算最後父母的決定依然是「還是算了吧」，至少能夠讓小航知道「我也可以表達自己的意見」。

另外，在案例中，小航一直不敢把「沒辦法跟眞治當朋友」這個煩惱告訴父母。假設小航眞的對父母說出這個苦惱，父母應該採取的態度是「認眞聆聽」，絕對不能強硬要求「無論如何好好相處就對了」。而且，父母也不該規定「以後你別跟那個壞孩子往來」，因爲這不是家長可以強硬干涉的事情。

此外，父母最好也不要代替孩子出面，找對方的家長或學校老師談判，這樣並不能眞正解決問題。除非是孩子主動提出要求，或許就可以考慮這麼做。若是父母擅自決定，只會讓孩子在學校的立場變得尷尬。

「跟大家好好相處」與「不歧視他人」完全是兩碼子事

「要跟大家好好相處」這種話，說穿了，只是「唱高調」的言論。天底下有多少人能夠做到跟所有人都好好相處？

就算是大人，也會遇到討厭的上司，或是合不來的同事或部屬；把「我就是不喜歡那傢伙」這種話掛在嘴邊的人也不在少數。畢竟每個人都有自己的立場及價值觀，總是會遇到合不來的人。如果什麼事都要配合他人，到最後只會把自己累壞。

當孩子沒有辦法與同儕好好相處時，大人應該做的，就是與孩子一同尋找解決的辦法。

「好好相處」跟「不歧視他人」完全是兩碼子事。

所謂的歧視，指的是因爲對方的某種特質，而故意做出輕視對方的舉動。例如，班上有個同學具有外國人的血統，大家因此說好「不能讓他當上班長」，那就是歧視。

每個人都擁有過著幸福生活的權利，這個權利是與生俱來，不會因爲人種、民族或性別的差異而有所不同。

守護人權是非常重要的觀念，一定要讓孩子們明白每個人都一樣重要，絕對不能有歧視他人的想法或言行。

不過，守護人權並不等同於「跟所有人好好相處」。沒辦法跟某些人融洽相處，並沒有錯，如果硬要強迫意願，反而容易惹出不必要的問題。

學習與他人保持心理距離

當然最好的情況，是圍繞在自己周圍的人，剛好都是自己喜歡的人。可惜這種情況畢竟可遇不可求，一般來說，總是會有幾個討厭的對象。

我們沒有辦法強行排除心中的好惡情感，因此，應該要誠實面對自己的心情，並且思考如何與討厭的人相處。

想要與討厭的對象維持和平，訣竅就在於「保持心理距離」。

如果討厭的對象就在我們的生活周遭，也無法拉開與對方的實質距離，可藉由保持心理距離，來減少心中的壓力累積。

打個極端一點的比方，就是「雖然身體很靠近，但心靈就像是幾億光年外的星星」，所有的往來交流都只要應付過去就行了。

當然這說來簡單，實際上要做得好並不容易。因爲彼此的距離是由雙方所共同建立，就算自己很想拉開，可能還是會遇上對方故意拉近的狀況。這麼一來，自己的心態可能也會被迫維持在近距離的狀態，導致壓力不斷累積。

我曾經爲某位在社區裡鬧事的人，進行心理分析。這個人每天都刻意敲打鍋子發出噪音，故意亂丟垃圾破壞環境清潔。附近的住戶聯合起來數落他的不是，他反而變本加厲。

嘗試分析這個人的心理狀態後發現，他其實是想要和街坊鄰居當朋友，卻不得其門而入，內心懊惱不已，才會像這樣故意鬧事。

剛開始，他基於想要交朋友的心態，積極向街坊鄰居搭話，卻遭鄰居不理不睬，甚至還引發一些誤會。雖然只是微不足道的小事，但他沒辦法承受交友失敗的打擊，於是以各種胡鬧的行爲來表達心中的不滿。

不管是這個人，還是與他產生爭執的街坊鄰居，如果能夠做到「保持心理距離」，相信事態絕對不會演變到如此嚴重。

既然是街坊鄰居，就代表實質的距離很近，經常會在附近遇到。但只要拉開心理距離，就不太會把對方的事放在心上。就算碰巧遇上了，那就打個招呼，如果對方看起來需要幫助，或許順手幫他一把。只要能夠維持這樣的距離感，就能夠建立起讓雙方都感到輕鬆自在的關係。

透過這種自然的交流，有時就算拉近了關係，雙方還是可以相處得很好。但如果是其中一方突然主動拉近距離，反而容易弄巧成拙。

其實許多社區內的衝突，都是像這樣無法維持距離的平衡，而導致問題越來越惡化。當一個人歇斯底里地大喊：「我不想再看見那傢伙的臉。」就表示心理距離拉得太近了。

大人通常經歷過各種不同的人際關係，所以在保持心理距離這件事情上會做得比較好。不勉強自己配合對方，也不試圖改變對方，彼此維持著恰到好處的溝通與交流。

然而，對於經驗不足的孩童而言，要做到這一點並不容易。因此，最重要的是必須讓孩子在失敗中記取教訓，不斷累積自己的經驗。

對小航來說，如何與合不來的眞治相處，是非常好的學習機會。只不過，這種事情只能由小航自己思考並找出答案，不能只是聽從父母的命令。

假設，小航告訴父母「我討厭眞治」，父母應該採取的行動，是認眞聆聽小航的心聲，並且以「你爲什麼討厭他？」、「你覺得他的心裡在想什麼？」之類的問題來提問，幫助小航釐清自己的想法。

「唱高調的教育」所隱藏的問題

強迫孩子接受「要跟大家好好相處」這種唱高調的言論，必定會引發種種衍生的問題。

這是因爲「實際上根本做不到」，而這個矛盾會讓孩子感到相當痛苦。孩子們會不禁認爲：「我眞是沒用，連跟大家好好相處都做不到」。

大人自己也做不到，卻要求孩子要做到，這會降低孩子對大人的信賴。

要求孩子「不能說謊」，也是同樣的道理。

當然我們都知道，不能靠詐騙來謀取不法利益，也不能使用謊言來傷害他人。但每個人從小到大或多或少都說過謊，如果有父母告訴孩子：「我從小到大從沒說過謊。」那才是最大的謊言。

說謊有時是爲了不想傷害對方，有時是爲了保護自己。

一旦父母告訴孩子無論任何情況都不能說謊，當孩子說了謊，問題就會變得非常嚴重，因爲孩子沒辦法承認自己說謊，只好說更多的謊言來圓謊。

日本電視臺的節目《The世界驚奇新聞*》曾經介紹了一起可怕的凶殺案，當時的單元名稱爲〈爲了虛榮而撒的小謊，竟然奪走了可愛後輩的性命〉（二〇二二年四月十九日），由我擔任講評人。

這起凶殺案的凶手，是一名三十多歲的男人。他其實有著樂於助人的性格，在職場上相當受後輩敬重。由於他罹患感染症而失去右腿，不能繼續工作，在手術住院期間認識了一名大學生。大學生相當仰慕這個樂於助人又個性溫柔的男人，經常來找他聊天。

男人基於虛榮心，向大學生聲稱自己經營網路電商賺了很多錢。然而，眞相其實是男人經營網路電商失敗，欠了一屁股債。

一開始男人只是爲了面子而撒了一個小謊，漸漸地爲了圓謊只好說出更多的謊言。後來大學生說他丟了打工的工作，經濟陷入困境，男人礙於情面，甚至還雇用了這名大學生。

不過，男人明白謊言遲早被揭穿，便動了殺機，殺死了這名年紀小他十歲以上的大學生，還搶走錢包裡的9萬圓，最後因強盜殺人罪被判處無期徒刑。

當然，我並沒有對這個男人進行過縝密的心理分析，卻看過很多類似的案例。這些人都有個共同點，那就是他們都「抱持著強烈的恐懼」，認爲就算只是小謊，一旦承認了，不僅會被視爲卑劣的騙徒，人格也會完全遭到否定。

「抱歉，我太愛面子，騙了你！其實我經營電商失敗，欠了不少錢。」

如果男人能夠盡早說出這句話，就不會有後面的問題。但他擔心一承認說謊，自己的一切就會遭到鄙視。

這種心態的背後，隱藏著一種「扭曲的自我表現欲望」。

簡單來說，這種人「對自己極度缺乏自信」，即便是相當談得來的朋友，平常如果不請對方吃飯，甚至是當對方失去工作時沒有提供工作機會，就會擔心對方不再仰慕自己。

由這個例子我們可得知，**一個被徹底灌輸「絕對不能說謊」的孩子，遲早會因為說謊而承受煩惱與痛苦。**

＊註：日本節目名稱為「ザ！世界仰天ニュース」，為日本電視臺的時事綜藝節目，自二〇〇一年四月開播，主持人為笑福亭鶴瓶和中居正廣。

因此，大人的正確立場，並不是強調不能說謊，而是給予孩子坦承「對不起，我說謊了」的勇氣。

如果眞的說了謊，只要坦承就行了，因爲每個人都會犯錯，人格的價值並不會因為犯了一次錯誤而受損。

承認說謊需要非常大的勇氣，所以在孩子承認說謊時，大人應該充分讚美其勇氣。

相反的，若是大人說了謊，被戳破之後還隨口敷衍，會降低孩子對大人的信任感。大人應該誠懇地告訴孩子：「我因爲〇〇理由而說了謊，對不起！」

「要做弟妹的榜樣」這樣的話只會戕害孩子

「你是哥哥，要學會忍耐。」

「妳是姊姊，應該要溫柔一點。」

像這種強迫孩子接受某種身分的論調，很可能會讓孩子喪失人格特質，因爲教育不應該預設立場。

「男孩子不能哭」、「女孩子要穩重一點」等，因「性別」而有所不同的要求，也是相同的道理。

這種無視個人特質的言論，就像是沉重的枷鎖，會剝奪孩子的自由。

我看過許多非行少年，都是因爲無法承受這種壓力，才會誤入歧途。

前面第42頁的案例中，小航也是因爲父母的一句「你是哥哥，要做弟弟的榜樣」而承受了相當大的壓力。他認爲自己是哥哥，所以不敢在家人面前顯露出自己懦弱的一面。

出生的順序及性別都是機率問題，並不能由當事人決定。「你是○○，應該要○○」這種話，只會害了孩子。

越是希望達到父母要求的「好孩子」，越會因為這種預設的身分而感到痛苦不已。

當孩子不斷壓抑自己的想法，只爲了扮演父母心中認定的角色，最後一定會出問題。

當然孩子在承受父母的期待時，會感到相當開心。爲了成爲弟弟妹妹們的榜樣，他們會在讀書或才藝的學習上加倍努力。但那是在一切都很順利的前提下，一旦遭遇挫折，很容易會瞬間喪失自信。如此一來，過去壓抑的情緒就可能會因爲一點小事而突然爆發。

另一方面，若是符合孩子個人特質與性格的事情，就可以放心多加鼓勵。例如，「你很擅長把大家說的話整合在一起，以後適合當個領袖」之類的鼓勵，能夠讓孩子的長處更上一層樓。

然而，像「因爲你是哥哥」、「因爲妳是姊姊」這種話，則會讓孩子喪失獨特性。這種以「外在因素」為出發點的鼓勵，沒有辦法帶來正面的結果。

家庭也有可能「監獄化」

不管是「要跟所有人好好相處」，還是「以後不要再跟○○同學往來」，都是無視孩子自身想法的命令。

像這樣的命令如果長期持續下去，到頭來，孩子會喪失自行思考的意願。

監獄裡經常會聽到有人把「監獄化（Prisonization）」這句話掛在嘴邊，意指太過習慣監獄裡的生活，因而喪失了自己的「獨特性」與「積極性」。

在監獄裡必須隨時聽從管理人員的指示，才會出現這種獨特現象。只關一、兩年還看不出差異，如果關超過十年以上，往往會因爲監獄化而無法適應外面的社會生活。

之前任職於宮城監獄時，我的職責內容包含了名爲「乘車護送」的工作。所謂「乘車護送」，指的就是將監禁多年後終於獲得假釋的重刑犯帶到仙台車站，協助他們搭上新幹線列車。有些重刑犯因爲在監獄裡待了太多年，買票的方式早已跟當年不同，他們可能連車票也不知道該怎麼買，必須有人在旁協助。

有次，我帶一名出獄者到了仙台車站，想買一杯飲料給他喝，於是跟他說：「你在這裡等一下。」便獨自轉身走進便利商店。當我走出便利商店時，看見他面向月臺的牆壁，雙手背在身後，閉上了眼睛，一動也不動。我問他：「你在做什麼？」他回答：「我在等你。」

這聽起來很好笑，卻是真實發生的事情。

一個無法自行判斷、只能聽從他人命令的人，如何能過正常的社會生活？因此，受刑人在出獄前，必須針對出獄後的行動及生活，確實做好模擬及訓練。

當然並不是所有的出獄者在等人時，都會傻傻地站著不動。不過，待在監獄裡的日子越長，就越有可能喪失「自主性」，這是不容置疑的事實。

同樣的現象，也可能發生在家庭之中。當父母採取高壓的管教方式，完全漠視孩子的想法，家庭就有可能化為監獄。

能夠順應團體的孩子，以及有主見的孩子

許多父母將「順應團體」視爲孩子的重要能力。

這個獨特價值觀本身並沒有什麼不好，我自己也覺得待在一個調和的環境裡，感覺眞的很不錯。孩子若能具備協調性，順利融入團體之中，這本身是一個相當棒的才能。

然而，在國際化的環境裡，孩子如果沒有主見，會是一大缺點。

我任職於法務省時，曾經參加聯合國的研習會，與各國的優秀官員們溝通交流。在模擬國際會議上，來自世界的菁英們各自提出自己的主張，展開激烈的辯論攻防。爲了表達自己的主張，甚至毫不猶豫地打斷他人的論述。

包含我在內，所有的日本人都毫無能力招架，連清楚表達自己的主張都有困難。並不是我們沒有主張，而是不善於表達自己的看法。

那次的經驗，讓我切身的感受到——在國際社會上，如果不能學會一邊聆聽

他人意見，一邊確實說出自己的主張，根本無法與他人競爭。

就算心裡有再好的想法，如果沒有辦法表達出來，也等同於沒有想法，那實在很可惜。

要改變這種「順應團體」的價值觀，並不是一件容易的事。而且我必須再次強調，順應團體並非不好，但想要培育出能夠活躍於新時代的孩子，大人也必須積極接納新的價值觀才行。

能夠勇敢表達意見、說出自己的主張，絕對是一個優點。當然，具備順應團體的能力也是優點。不論孩子擁有的是哪一種優點，大人都應該積極加以讚美。

只要換一個角度看，缺點也會變優點

孩子的特質，如果不合乎父母的價值觀，往往會被父母視爲缺點。

例如，父母相當重視團體和諧，孩子卻是個擁有強烈自我主張的人，父母很可能就會告訴孩子「要懂得察言觀色」，或是「別只想著自己，應該多聽聽周圍的人怎麼說」。

有主見其實是個優點，孩子可以獨立思考，而且能夠確實傳達自己的想法，眞的是一件很棒的事。

相反的，倘若父母認爲主見很重要，但是孩子的團體順應能力較高，父母很可能會告訴孩子「你應該要擁有自己的想法」、「什麼事都聽別人的，實在是很窩囊」。

事實上，不管是什麼樣的缺點，反過來看都是優點。

只要將「缺點」轉為「優點」，教育孩子就會變成一件很輕鬆的事。

當父母把孩子的特質視爲缺點時，內心就會忐忑不安，對待孩子也會異常嚴厲。而孩子一天到晚遭到責罵，性格也容易變得畏畏縮縮。相信責罵的一方看到孩子的模樣，心裡應該也會不好受。

建議父母在與孩子溝通時，應該要學習把孩子的缺點轉換為優點。

例如，原本想要責罵「你做事就是這麼魯莽」，可以改成「你做事眞是果斷」。這兩句話描述的其實是相同的性格特質，是優點還是缺點，完全取決於從哪個角度來看。像這樣，剛開始轉換得花一些時間思考，但是習慣之後，就會發現這一點也不難。

少年院裡的老師們，都非常擅長把一句話轉換成正向的表達方式。由於對象都是非行少年，缺點往往相當明顯，但老師們總能夠先將缺點切換成優點後再表達出來。

例如，他們會告訴一名經常被罵「做什麼事都慢呑呑」的少年：「你做事非常謹慎小心，這樣很棒。」如果是一個「做事三分鐘熱度的少年」，則或許會對他說：「擁有廣泛的興趣是一件好事。」

少年們通常也會把自己的特質當成缺點，所以聽見老師這麼說，往往會相當驚訝。這麼一來，少年的心態也會變得正向積極。

當然，如果是會惹出問題的特質，父母一定要確實地告訴孩子。想要改善問題，就必須先理解問題，而且父母應該陪著孩子一同思考解決方法。

要注意的是，同一個問題的指責不能太頻繁，像是「你這孩子怎麼老是講不聽」這種話，十分沒有幫助。

責備搭配讚美，能夠誘發孩子的特長

大聲責備孩子的缺點，是每個父母都會忍不住做出的行爲。

「你又想嘗試新東西了？反正這次一定也會馬上就放棄吧？你就是這麼沒定性，三分鐘熱度！」

一旦發現自己動怒時，父母應該要有自覺，並立即收斂，嘗試把孩子的缺點轉換成優點。

「但你能找到那麼多的興趣，也算是很厲害。能夠對那麼多事物抱持興趣，算是你的優點吧。」

只要能趕緊接一句這樣的話，孩子在遭受指責的同時，也會感受到父母認同了自己。

責備孩子之後，一定要立刻說幾句安撫及讚美的話。只要能做到這一點，結果就會截然不同。

不僅如此，像這樣「責備與讚美」的搭配，還能夠誘發孩子的特長。

日本許多電視節目的著名主持人，都很擅長這一招。

首先，以開朗的口氣批評某個節目來賓，最後再稱讚幾句，就能夠充分誘發出那個人的特色。

而且節目來賓由於受到了挑剔，也就不用再拘謹地表現出謙虛的一面，反而能夠更加自由地表現自己的特色。

接下來，主持人就會趁機說出「果然有一套」、「佩服、佩服」之類的話，把節目來賓捧高，讓其長處發揮得淋漓盡致。

接受善意的批評，就跟優點受到讚美一樣令人開心。

尤其是父母或是站在指導立場的人，絕對不能光是說優點，缺點也必須要確實指出才行。

請務必嘗試看看，這種「先指責缺點，後加以讚美」的特長誘發手法。

利用適度的「感官刺激尋求」，讓孩子的興趣更上一層樓

孩子通常有著強烈的好奇心，對許多事物抱持興趣。但其中特別感興趣的事物是什麼，取決於孩子的特質。

就算興趣同樣是「採集昆蟲」，有些孩子重視的是發現稀奇的昆蟲，有些孩子重視的是收集各種昆蟲標本，有些孩子重視的是累積與昆蟲有關的知識。

父母應該要仔細觀察孩子，盡可能針對孩子的興趣加以提拔。只要能夠鍥而

不捨地追求下去，孩子的特質及才能就能夠獲得充分的發揮。

相反地，假如父母強迫孩子接受某種興趣，最後一定會出問題。

有一個心理學的名詞，剛好可以用來說明這件事，那就是「感官刺激尋求（Sensation Seeking）」。這是一種存在於每個人心中的欲望，它能夠讓我們積極挑戰新的事物，使人生加倍精彩，生活更加豐饒。

然而，若這個欲望展現在不好的方面，就會造成相當糟糕的後果。

以第42頁案例中的光也爲例，正是「感官刺激尋求」的欲望，使得他不斷做出偷竊的行爲。偷竊能讓他獲得刺激，所以樂此不疲。

大人偷竊通常是爲了取得具有金錢價值的東西，但小孩偷竊通常與金錢價值無關，他們的心中可能有著某種想要追求的事物，才會展現在偷竊這個具體的行為上。有很多孩子偷竊是抱持玩遊戲的心態，光也正是一例。

事實上，孩童到書店偷書的案例非常多，有很多孩子根本不看書，卻會與同伴比賽偷書。開始他們心裡可能想著「只偷一次就好」或是「偷完再放回去就行了」。一旦嚐過了刺激的快感，他們就會開始追求更強烈的刺激，手法也會越來越大膽，深陷其中而無法自拔。除非被抓到，否則無法停止自己的行爲。

我看過很多次孩童偷竊被監視器拍到的影像，有些孩童甚至會拿著相當大的袋子，將店內的商品大把大把地往裡頭塞，然後拖著沉重的袋子走出店外。明目張膽的程度，簡直像是在演一齣鬧劇。連我這個局外人看在眼裡，都會忍不住感慨「這怎麼可能不被人發現」。

那正是因爲他們追求的是「刺激」，手法才會越來越大膽，不斷挑戰極限。

光也剛開也是自己一個人偷書，而且每次只拿一、兩本，他馬上就覺得這樣不過癮，於是開始找朋友一起來偷。並將這個行爲當成遊戲，兩、三個人比賽「看誰偷的最多」。在他們的眼裡，這只是一個非常有趣的「遊戲」。

光也爲了尋求更大的刺激，不斷尋找著新同伴。就在這時，他看見了悶悶不樂的小航。小航從來不曾有過偷東西的念頭，卻在轉眼之間變成了偷竊的慣犯。

為什麼「感官刺激尋求」會顯現在不好的事情上？

這個問題如果讓非行少年自己回答，必定是「日常生活太無趣」。然而，其背後的原因，卻是他們長期受到壓抑，沒有辦法以較溫和的手段，來追求自己感興趣的事物。

如果父母能夠認同孩子的「感官刺激尋求」欲望，積極提供協助，孩子絕對不會朝著錯誤的方向發展。光是一般的遊戲、社團活動、才藝學習或學校課業，就能夠滿足孩子的「感官刺激尋求」欲望。

重點就在於，不能否定孩子的興趣。

或許站在父母的立場，總會忍不住想要告訴孩子「追求那種沒有用的東西做什麼」，或是「這個才對你真正有幫助」，這是人之常情。若父母有辦法巧妙地誘導孩子「這個好像也很有意思」、「這個你應該會喜歡」，孩子願意接受固然很好，但做不到的話，千萬不要勉強孩子接受。

追求新的刺激是孩子的天性，父母應該盡可能支持孩子「覺得有趣」或是「想要更加瞭解」的心情。

追求關心或感興趣的事物，有助於突顯孩子的特質與長處。

第2章

「快一點！」

會破壞孩子對未來的預期能力

案例2 由香

侵占公款——將公司款項約3百萬圓匯入自己的銀行戶頭

由香父親在38歲時，開了一間小小的魚店，與由香母親一同經營。由香自從上了國小高年級，就經常被父母要求在店裡幫忙，以致於她沒辦法參加社團活動，每天一放學就必須趕回家顧店。尤其是晚餐前那段時間，買魚的客人非常多，如果沒有由香的協助，夫妻兩人根本忙不過來。

「由香，還有這個！快一點！」

父親對客人非常客氣，但對她卻很凶。由於父親是個急性子，經常會把「快一點」、「還有這個」掛在嘴邊。如果由香的表現讓父親不滿意，還會動手打她。母親或許是擔心自己遭到牽連，每當由香遭父親打罵時，母親總是裝作沒看見。由香很氣母親從來不幫自己說話，卻也沒辦法改變現況。

這樣的日子過久了，由香漸漸變得只關心，如何保護自己當下能夠平安無事。

高中畢業後，由香刻意選擇東京的大學，而不報考離家較近的學校。她根本不知道該選什麼科系，一心只想逃離父母。父母只幫由香付了學費，要她自己打工賺取生活費。

雖然得一邊上學一邊工作，但能夠遠離父母，對由香來說，已是求之不得的事。

上了大學之後，由香的生活沒有任何目標，每天上課都遲到，一直抱著過一天算一天的心態。

由香同時兼差好幾份工作，其中最令她中意的，是在某一家公司當會計。上司從來不催促她，由香完全可以按照自己的步調做事，而且就算犯了錯，也能設法掩蓋過去。然而，最讓她開心的，是自己的身分僅是一介工讀生，卻能經手公司的各種款項，且金額相當可觀。

大三時，由香交了一個就讀同校的男朋友，不久之後，兩人便開始同居。

男友大學畢業後繼續攻讀研究所，雖然拿到了博士學位，卻找不到工作。由香則是在大學畢業後進入一間食品公司，兩人的生活全靠由香的收入維持。

剛開始，由香被分配到業務部門，但她並不擅長在做每一件事之前都先規劃好下一步，所以業績一直不理想，後來由香主動申請轉調到事務性的單位。

進入公司第三年，由香終於得償所願，轉調至會計部門。由於從前打工時就有處理會計事務的經驗，所以她學得非常快，於是被託付的工作項目也越來越多。

「由香，對不起，我欠了一些錢……」

有一天，同居男友流著眼淚向由香求助。

原來他因爲找不到工作的關係，每天承受相當大的壓力，竟然沉迷於賭博而完全無法自拔，最後背負了龐大債務，不得已轉而向地下錢莊借錢。

「你不用擔心，我來想辦法。」

儘管由香這麼安慰男友，但自己也不知道該去哪裡籌錢。最後她想出的辦法，竟然是盜用公款。

負責會計工作的她，開始頻繁竄改帳簿，把少量的金額匯入自己的銀行帳戶裡。這個手法不僅大膽，也相當拙劣。

每次她做這件事的時候，總會在心中告訴自己：「我將來一定會歸還，只是暫時借一下而已」。

到了第三年，她盜用公款的行徑才因會計監察而東窗事發。

「我爲什麼會落到這個下場……」

由香的內心充滿了無奈。

做壞事的人，都欠缺「事前預期能力」

由香從小就對未來沒有夢想或目標，因爲她大部分的時間，都在想著「如何解決眼前的問題」，長大之後也沒有特別想做的工作。

由於她有著認眞、幹練等優點，所以不管做什麼工作，都能夠有一定的表現。也因爲這個緣故，她一直抱持著「船到橋頭自然直」的心態。

在旁人眼裡，她這個人並沒有什麼大問題。公司的上司應該也認爲她「學得很快、做事認眞」，才會安心地把工作交給她處理。

她在公司內獲得信賴，負責的業務越來越多。沒想到就在這時，竟盜用了公款約三百萬圓。而且她並沒有使用什麼特別手法，就只是直接把錢匯進自己的戶頭裡，手法相當單純，甚至可說是拙劣。

像這樣偷拿公司的錢，任何人都猜得到遲早會東窗事發，讓人不禁想問：

「要幫男友還錢，難道沒有更好的辦法嗎？」

爲什麼她會做出這種犯罪行爲？

我與非常多非行少年對談過，其中不乏「一看就知道肯定就會被抓」的犯罪手法。而這些人的共通點，就是缺乏「事前預期能力」。

說得明白一點，他們都抱持著非常短視近利的心態，總是想著「只要現在開心就好」，或是「只要能度過眼前的難關就行了」。

所謂的事前預期能力，是在非行及犯罪臨床分析上經常使用的說法，簡單來說，就是「預期這麼做會有什麼後果的能力」。

非行少年不僅缺乏理解當下狀況的能力，更加欠缺事前預期能力。

我們在採取每一項行動之前，通常都會先思考這麼做的後果。想清楚現在的行爲會造成什麼樣的影響之後，才決定行動的方針及方法。

例如，在搭上電車之前，會先預期「一個小時後會抵達哪裡」。我們搭電車是基於某個未來的目的，並非爲了搭電車而搭電車。我們甚至可以把時間拉得更長，搭電車是為了到大學上課，到大學上課是希望將來能從事教職，諸如此類。現下的所有行動，都是基於對未來的預期心理。

「要是現在不搭電車會怎麼樣？」、「要是今天上課遲到會怎麼樣？」只要具備事前預期能力，就可以輕易知道問題的答案。

然而，現實中存在著一些短視近利的人，他們沒辦法把現在的行為與將來的結果串聯在一起。案例中的由香，正是這種人。

當然由香很清楚自己做的是犯罪的行為，也明白一旦被抓到，就必須付出相當大的代價；只是她不具備足夠的事前預期能力，所以把絕大部分的心思都放在眼前的事情上。這就是問題所在。

說穿了，就是「只要現在好，未來怎麼樣都無所謂」。

「快一點！」這句話為什麼會造成不良的影響？

「快一點！」
「還不快點收拾乾淨！」
「趕快去準備！」

大多數的父母都曾經這麼催促孩子，但年紀太小的孩子並不具備事前預期能力，無法理解爲什麼要這麼急。

事前預期能力並非與生俱來的能力，必須在發育的過程中逐漸習得。

當聽見父母說出「上學快遲到了」或「時間快來不及了」的時候，孩子雖然明白父母的意思，卻無法理解其理由。因此，父母應該要向孩子詳細解釋必須盡快的理由。

例如，「走到學校要花15分鐘，如果不在8點以前出發，就會趕不上朝會。」或是可以試著反問孩子：「如果8點要出門，現在應該要做什麼？」

這麼做就是在訓練孩子的事前預期能力。

由香從小到大，一天到晚被父親要求「快一點」，問題是父親並沒有詳細說明必須快的理由。

光是不斷聽見「趕快做」、「動作快」之類的話，是無法養成自發性加快速度的能力。

孩子在聽見「快一點」時，雖然會想辦法解決眼前的問題，卻永遠無法學會自己做出判斷。他們培養不出事前預期能力，永遠就只能活在當下，過著走一步算一步的日子。

「每天到了下午4點之後，客人就會增加，店裡會變得很忙，所以我希望妳在下午4點之前完成這些工作。」

「這個東西如果用完了，很多事情都沒有辦法做，所以你應該要早一點補貨。因爲從訂購到送達，可能需要兩、三天的時間。」

父母應該要這樣向孩子解釋必須快的理由。如果當下實在太忙，沒有時間好好說明，也應該在事後說明原因，給孩子思考的機會。

當孩子理解了必須趕快的理由，就能夠自行注意時間，加快自己的動作。

想要誘使孩子思考，建議可以使用「疑問句」。例如，「你打算什麼時候做？」或是「你覺得現在是做什麼的時間？」

當然父母必須有點耐心，爲了培養出孩子的事前預期能力，這種時間及精力的投資絕對是値得的。

少年院的老師每次與少年說話，都會使用「誘使對方思考」的表達方式。老師絕對不會說：「動作快！我上次不是提醒過你了嗎？」而是會在做事情的過程中，反覆提問：「你覺得現在爲什麼必須做這件事？」

正是因爲少年們缺乏事前預期能力，叫他們「快一點」，雖然能讓事情盡快完成，卻沒辦法提升少年的社會適應能力。

養成「逆推思考」的習慣

要培養出孩子的事前預期能力，有一個很好的方法，那就是讓孩子習慣「逆推思考」。

事實上，所有的大人都能夠非常自然地做出這樣的思考行爲，但孩童會把所有的注意力集中在「現在」，並不習慣從「未來的目標」進行逆推。

舉個例子，我們誘導孩子用逆推的方式，思考暑假作業要在何時寫完。

「什麼時候能夠寫完暑假作業？」

「暑假是到八月三十一日爲止，我在三十日之前一定會寫完。」

「那我們來思考看看，一天得寫多少作業才行。」

「數學練習本及國語練習本每天只要寫其中一樣就行了……比較麻煩的是科學研究！首先得決定要寫什麼樣的內容，而且必須事先做好準備工作，一進入八月，就要趕快開始進行，因爲寫成報告還需要一些時間。」

又或者如果有家庭旅行的計畫，也能試著讓孩子安排行程。由父母提供各種資訊，然後詢問孩子「應該幾點出發」之類的問題。

當然也可以是一些相對簡單的問題，像是上學前的準備工作。只要多讓孩子思考「從目的往回推」的行動，自然就能夠培養出孩子的事前預期能力。

有能力卻不知道該做什麼的人

不妨先藉由「短期的事前預期」及「逆推練習」，讓孩子打好基礎，接著可以慢慢將時間軸拉長，讓孩子嘗試規劃未來的人生。

例如，思考升學及就業等相關問題，並詢問孩子如果想要實現某個夢想，應該怎麼做。

畢竟就算能夠做到短期的事前預期，若無法訂定中長期的計畫，人生還是很容易遇上一些問題。

有些更生人經常讓人感到納悶：「在監獄裡明明表現得很優秀，爲什麼出獄之後會連這麼簡單的事情也不懂？」

其實最大的問題，多數就在於他們「欠缺事前預期能力」。或許他們擁有相當優秀的辦事能力，卻沒有辦法規劃中長期的未來。所以當他們一旦離開了監獄，就會變得無所適從。

入獄期間，受刑人必須從事勞務工作。「生產作業」也是勞務工作的項目之一，簡單來說，就像是公司生產線的下游工廠所負責的工作，像是製作家具，或是機械零件等。

另外還有一項勞務工作，就是所謂的「自營作業」，包含監獄內部的打掃、烹煮三餐，以及監獄事務的協助工作等。只有受刑人中的菁英，才能參與這方面的工作。因爲執行這些工作需要較高的能力，必須値得信賴，而且在某種程度上還要具備自我判斷的能力。

負責自營作業的受刑人，較有可能獲選爲模範受刑人，獲得假釋的機會也比較大。如果能夠把自營作業處理得很好，代表回歸社會應該沒有問題，所以比較有可能提早獲得釋放。

當然前提是受刑人必須誠心悔改，而且具備更生的意願。即使如此，受刑人獲得假釋之後又被送回監獄的例子，還是相當多。

假釋期間如果再度犯案，馬上又會被送回監獄，這是任何人都知道的事。一旦被送回來，假釋就會被取消，必須在監獄裡服完刑期。

說得再明白一點，會被取消假釋的受刑人，大多都是「能力很優秀，但不知道將來能做什麼」的人。

思考未來之前，必須先學會理解現況

「將來想做什麼？」

「未來希望從事什麼樣的工作？」

這是大人經常詢問孩子的問題。

當然誘導孩子思考未來，本身並沒有什麼不好。但在事前預期能力還不夠成熟的狀態下，就算孩子被問了關於未來的問題，也會不知道該如何思考。

或許孩子會回答「我想當鹹蛋超人」或是「我想當光之美少女」，這在孩子年紀還非常小的時候，是很正常的現象。因爲這個時期的孩子，還沒辦法將未來與現在串聯在一起，也區分不出夢想與現實的差別。

然而，當「未來」越來越近，開始必須有具體的想法時，假如孩子依然只會說「我想當鹹蛋超人」，那可就有點不妙了。

就算是「我想要當有錢人」，或是「我想要變成很有名的人」這樣的目標，若完全沒辦法將「現在的行動」與「未來的目標」串聯在一起，還是無法做出具體的行動。

因此，**重點並不是抱持什麼樣的夢想，而是有沒有能力為了實現夢想而採取某些行動**。

進入少年院的孩子，當然也面臨著同樣的狀況。「離開少年院之後要做什麼？」「對未來有什麼樣的規劃？」可說是相當重要的課題。

少年院裡的孩子，大多沒有從小培養事前預期能力，所以也不具備思考未來的能力。因此，待在少年院的時期，他們應該先從「瞭解現狀」做起。

要走上階梯之前，得先知道自己站在哪個位置。唯有事先釐清自己的所在地點，才能知道接下來應該走上哪一座階梯，朝著什麼方向前進。

更生計畫經常採用一套名爲「內觀療法（NaiKan Therapy）」的心理療法。所謂的「內觀」，指的是深度的自我審視。

這跟針對負面事態追究原因的「反省」不同，當事人需要做的，就只是誠實面對自己的思緒及感情。

經過自我審視之後，就能以較客觀的角度看清當下。

以下針對「內觀療法」稍作說明。我在大學授課時，也會讓學生們體驗這個療法，而且不需要準備任何道具，任何人都能輕易做到。

首先，必須設定一個主題，通常設定的是「父親」、「母親」，或是其他身邊的人。例如，以母親爲主題的話，開始思考三個問題，分別是「母親爲我做的事」、「我爲母親做的事」、「我給母親添的麻煩」，以上就是基本的做法。

在大學的課堂上，我會請學生面對牆壁，坐在地板上，然後關掉教室裡的燈光，讓學生進行內觀。學生不用把心裡想的事情寫出來或告訴任何人，只要不斷審視浮現在內心的想法及感情就行了。

雖然做法很簡單，卻可以加深對自己的理解，並且深刻體認社會與自己之間的關係。

有些學生剛開始會抱持懷疑的態度，不認爲這麼做眞的能想通什麼。但過了一會，他們都會流下眼淚，結束之後，表情也會跟原本完全不同。

當然旁人並不知道他們的內心到底有了什麼樣的領悟，或是感情發生了什麼變化。然而，當我詢問學生內觀之後的感想，他們都會回答：「對自己更加瞭解了！」或是「感受到大家對我的關心。」

「內觀療法」是一種用來認識自我的觀察手法。創始者是一位名叫吉本伊信的和尚，他改良了淨土眞宗教派所流傳下來的一種名爲「身調」的精神修養法，讓一般人也可以加以採行。

日本的少年院及監獄在一九五〇年代開始導入此療法，也有許多醫療及教育機構紛紛採納。

在理解困難的前提下，提升因應能力

自己現下所置身的狀況，源自於過去的所作所爲。

因此，在思考自己的未來之前，第一步是客觀理解過去發生了什麼事，以及是做了什麼事，才讓自己處在什麼樣的狀態下。

這麼做的重點，並不是要拚命反省，並回想過去自己的惡行惡狀，而是要確實了解現在的自己，進而提升事前預期能力。

針對少年院裡的非行少年，我會讓他們好好想一想出院之後要做什麼，以及想要過什麼樣的生活。

「我不想再跟那些偷竊慣犯鬼混在一起，白天我要去打工，晚上找個鐘點制的高中好好用功唸書。」

假設，少年做出這樣的決定，也是個相當務實的目標。不過，當距離出院的日子越來越近，少年往往會說出「我好害怕」之類的話。

在少年院裡24小時都有老師看顧著，一旦出院之後，身邊沒了老師，任何事情都得自己做出判斷，而這會讓他們感到恐懼。

事實上，有許多少年在院內明明抱持著務實的目標，下定決心要好好生活，當出院後回到家鄉，遇上了從前的壞朋友，就把目標及決心拋到了九霄雲外。

他們或許會在便利商店裡遇上從前的同伴，同伴對他說：「爲了慶祝你重獲自由，我們去幹一票吧！從明天開始，我就不會再找你了。」一旦少年點頭答應，沒多久又會回到過去的狀態。

因此，少年在院內必須以「一定會遭遇困難」為前提，訓練出一套因應對策，同時提升自己的事前預期能力及應對能力。

事實上，少年院是一個非常重視「社會生活技能訓練」（SST，Social Skills Training）的地方，藉由角色扮演的方式，能讓少年事先練習回歸社會時可能會發生的對話情境。

例如，情境設定爲「在便利商店剛好遇上從前的同伴」，扮演同伴的少年會說出「我們去唱卡啦ＯＫ」之類的話，這時身爲主角的少年就要回答「對不起，我今天有點事」，同時配上實際的動作。

在大學的課堂上，我也會讓學生這麼演練。扮演同伴的人不能輕易放棄，要不斷以各種言詞引誘主角，考驗主角有沒有辦法克服難關。

這樣的練習在旁人的眼裡看來十分有趣，對當事人來說，卻是攸關人生的重大問題。當事人必須相當認眞地思考對方接下來會說什麼話，以及該如何回應。

只要事先做好這樣的練習，在現實中遇上相同的情況時，就能夠冷靜應對。

當然有一點很重要，那就是少年必須能夠根據眼前發生的狀況，思考今後事態會如何演變，而這正是事前預期能力。

在朝著目標邁進的過程中，一定會遇上許多困難，少年必須先想好會遇上什麼樣的狀況，以及該如何應對。只要先有心理準備，將來一定能夠派上用場。

明明是自己的事情，為什麼自己無法決定？

想要過自律的生活，培養事前預期能力是一大重點。

所謂的「自律」，就是爲自己訂下規律。

要做到自律，就必須能夠決定自己的事情。最理想的狀態，是可以自行思考應該努力的方向，然後根據這個方向，做出當下的決定。

相對的，若是聽從別人的命令來做出決定的狀況，就稱作「他律」。

舉例來說，老闆吩咐員工「上班時間的五分鐘前必須進公司」，所以員工照做了，這就是他律。某個人做了某件事，是因爲聽了他人的指示，或是遵循某個規定，這就是他律。

相反地，同樣是上班時間的五分鐘前進公司，如果做出這件事的人是基於「自己認爲應該提早五分鐘到公司預作準備」，那就是「自律」。

要做到自律，必須能夠看清楚未來應該努力的方向，並做出合理的判斷。很多人都以爲自己決定自己的事情應該一點也不難，實際上，卻是一點也不簡單。我們甚至可以明確地說，「他律」其實比「自律」要簡單得多，因為不用自己做出決策，也不用背負責任。

近年來，有越來越多年輕人喜歡他律更甚於自律，他們不喜歡自己做決定，希望「跟大家做一樣的事情」，根據察言觀色的結果來下決定。

理由之一，是在當前這個社群軟體橫行的時代，生存變得相當不容易。我們的生活中充斥著LINE、Twitter、Instagram、TikTok等社群軟體，沒有人能夠預測自己會在什麼時候突然遭受他人批評。只要稍微做出一點引人側目的事，很可能就會受到攻擊。不，或許早在某處已受到抨擊了，而自己還不知道。

每個人的心中都抱持著這樣的不安，有些人還會在網路上搜尋關於自己，而其背後的理由，就是源自於這層不安感。

因此，大多數的人會傾向於照著別人的話去做，遵守團體裡的潛規則。這完全可以理解，但並不是所有的事都依循他律就可以。

學生時代或許完全照著他律走是不會有什麼問題，一旦出了社會，就不能一天到晚詢問「現在該做什麼」，或是「這個要怎麼做」。否則當被別人回應一句「你自己想」的時候，就會感到不知所措。

我在進行心理分析的對象之中，不乏幫派分子，同時也深刻地感受到，幫派分子正是最注重他律的一群人。

說穿了，他們就是一些沒辦法自己決定事情的人，只能依附在強者的身邊。只要照老大的命令行事，就可以獲得老大的庇佑，而且在他人面前還可以裝出一副自己好像很厲害的樣子。表面上逞凶鬥狠，其實內心非常脆弱。

當我告訴他們：「出獄之後，你應該試著找份正當的工作。」他們往往會回答：「我不知道要做什麼。」甚至對於社會上發生的各種常見狀況，他們都不知道該如何處理，讓我不禁感慨「表面的凶狠原來只是假象」。說到底，這也是因爲他們從來不曾過自律生活的關係。

同樣的道理，孩子必須學會思考「自己到底想做什麼」、「未來想當什麼樣的人」，而依此做出當下的每一項決定。

如何獲得具備彈性的思考能力

孩子應該能夠輕易學會以下這兩個例子的因果關係——

「如果今天不去學校，就沒有辦法參與遠足的分組。」

「明天雖然是星期六，但還是要上學，今天得把功課寫完才行。」

以上這兩個例子，都是「做了A，就會得到B；不做A，就會得到C」的單純因果關係。喜歡程式設計或打電動的孩子，應該很擅長才對。

其中最重要的能力，是依照時間軸進行邏輯推演。

但要注意一點，那就是發生在現實生活中的狀況更加複雜得多，尤其是把時間軸拉長之後，很多情況都沒有辦法用單純的因果關係來說明。如果一心只想著「自己只要做了A，就一定會得到B」，當後來發現狀況跟預期不一樣時，很可能就會不知所措。

當然，如果是自己的夢想或目標，抱持「一定要是B」的想法，當然沒有什麼問題，但除此之外，明白事態發展的各種可能，是一件非常重要的事。

前面曾提過，事前預期能力就是「預測未來事態發展的能力」，但能夠在預測的同時，明白事態發展的各種不同變化也同樣重要。

想要增加自己能夠預測的變化種類，訣竅就在於多接觸一些例子。包含實際的各種經驗，以及來自書本中的知識，都有相當大的幫助。

很多犯罪者及非行少年都給人一種「人生經驗不足」的感覺。他們往往活在相當狹隘的世界裡，不僅接觸的人相當少，也沒有什麼體驗不同文化的機會。他們只能在非常狹窄的範圍內思考，沒辦法預測多元化的未來。

爲了克服這個困境，我經常建議他們「多讀書」。

書本就像是各種珍奇體驗的寶庫，可以瞭解一些過去沒有機會接觸的職業，或是他人的價值觀及想法，還可以知道我們所處的這個世界存在著哪些故事。只要肯讀書，不管是繪本、圖鑑，還是知識類書籍等都無所謂，選擇自己感興趣的書就行了。

站在父母的立場，可能會希望孩子閱讀的是某些特定內容的書籍，但最關鍵的重點，還是要孩子覺得有趣，自己主動拿起來閱讀。

只要能夠變得喜歡讀書，孩子就能夠快速接觸到各種不同的體驗。

在現今這個時代，或許網路及影片早已取代書本，成爲吸收資訊的主流。但我認爲要讓孩子獲得良性的體驗，書本依然是最好的選擇。

當然有些影片也很棒，只是品質良莠不齊，孩子沒有辦法自行挑選。如果任由孩子自己隨便亂看，最後的結果，孩子必定只是被動地接受一些刺激性較強、品質較差的影片。因此，當孩子在觀看影片時，父母應該要多加留意。

天才節目主持人，訓練事前預期能力的方法

我的本業是在大學任教，但經常會接電視節目的通告。有很多綜藝節目主持人的事前預期能力，讓我深感到佩服。

製作綜藝節目有很多不同的方針，有些節目喜歡完全照著劇本走，有些則是喜歡話題往意料之外的方向發展。像這樣的綜藝節目，主持人必須回應每個來賓所說的話，主導話題的方向。

我好幾次都驚訝於，「原來主持人剛剛說的那些話，是爲了現在這個話題做鋪陳」。主持人可以預測出非常遠的話題變化，絕對不是走一步算一步。

某次，有一位節目主持人邀我一起逛書店，我答應了。他在節目裡並不主打聰明的形象，所以我原本以爲他多半沒有看書的習慣，沒想到他竟然是個非常愛看書的人。

聽說每次逛書店，都會購買一整排平鋪*的書籍，而且把每一本都看完。他的提包裡隨時都放著10本以上的書，靠著大量閱讀，快速增加各種體驗，藉此不斷強化自己的事前預期能力。

而且他的事前預期能力還有著一項優勢，那就是具備一般人難以比擬的多樣性。正因爲有著這樣的能力，不論遇上任何話題，他都可以輕鬆應對，還可以巧妙地把各種話題串聯起來。

不過，他把這件事當成了祕密，沒有告訴任何人，並不希望在世人面前呈現出努力的形象。後來他經常跟我分享，「某某書很有趣」或是「某某書很有幫助」，眞的讓我非常驚訝。

＊註：在書店裡平鋪放置的書籍，多半是該書店的主打書。

很多人聽見「事前預期能力」都會感覺難以捉摸，不知道該怎麼訓練。其實做法很簡單——

一是在生活中多體驗一些事物。

二是多讀書。

第3章

「多加點油」會讓孩子喪失努力的動力

案例3 直人

觸犯大麻取締法——多次在旅館裡吸食大麻

大約從直人五歲起，父母就一天到晚吵架。父親的工作是汽車銷售員，因爲業績不好，收入相當微薄；母親經常爲此發牢騷，直人當然都聽在耳裡。

父親對直人很好，不僅經常袒護他，只要直人達成生活上的目標，就算是微不足道的小事，都會給他一點零用錢。

在母親的眼裡，父親卻是個「沒出息的窩囊廢」。她經常告訴直人：「你長大之後，絕對不能像爸爸這麼沒用。」後來父親終於離家出走，和其他女人住在一起，沒有再回來。

在直人十歲那年，父親和母親離婚了。從那時候起，直人就經常感到十分憂鬱。不管是學習還是遊戲，他都覺得沒意思，學校的成績當然也很差。一方面覺得自己應該要努力一點，一方面又懊惱自己什麼事都做不好。

「你再這樣下去，會跟你爸一模一樣，人生就完蛋了。」

母親經常這麼告訴直人，同時一再提醒「功課要多加點油」。

到了國小六年級，直人遇上了一個願意付出關懷的級任導師。

「慢慢來，不用著急！只要成績變好的話，相信家人一定會看見你的努力。」

於是，直人開始嘗試認眞讀書，每次上課前都會先預習。當獲得老師的讚美時，他總是感到分外開心。

努力的結果，當然也呈現在成績單上。過去直人的國語成績總是只有2＊，努力之後上升到了3。

「原來只要努力，我也是能做得到的！或許媽媽會稍微稱讚我也說不定。」

＊註：日本的國小成績單多採5階段評分，最高為5，最低為1。

直人抱著這樣的期待，把成績單拿給母親看。

「國語三，這可不是什麼值得開心的成績！國小的國語只拿到這樣的成績，上了國中之後只會更差。」

直人沒想到母親的反應竟是如此。

其實母親看了直人的成績，心裡著實鬆了一口氣，但她不希望直人就此鬆懈，所以故意表現出嚴厲的一面。

然而，母親的反應卻讓直人非常沮喪，認爲自己再怎麼努力都無法獲得認同。從這次之後，他徹底喪失了繼續努力下去的動力。

後來直人雖然勉強讀完了高中，但不管做什麼事情都感覺提不起勁。在老師的建議下，直人進入一家機械製造廠工作，但只做了三個月就不做了，從此每天窩在家裡打電動。

母親不斷以「所以我當初才叫你多念點書」、「長得越大，反而越沒出息」之類的話來斥責他。直人心裡也覺得不能再這麼下去，但他漸漸把全部的錯都怪到父親頭上，認爲「都是父親不好，如果當初父親沒有拋棄這個家，自己也不會落到這個下場」。

有一天，直人在便利商店裡遇見了國中時經常一起打電動的阿武。這天並不是假日，阿武的穿著十分邋遢，一問之下得知阿武也沒有工作，成天就只是打電動。兩人臭味相投，越聊越起勁，最後阿武邀約直人到自己的公寓。

「有個東西能夠讓你心情變好。」

阿武故弄玄虛地說完，一看之下，發現竟然是大麻。

「在國外，抽大麻是很正常的事，而且沒有副作用。其他毒品最好不要碰，但大麻不要緊。」

被阿武這麼慫恿，直人很快就染上了大麻的毒癮。

抽大麻能夠帶來一種愉悅感，讓直人覺得自己過去的煩惱都是杞人憂天。不久之後，直人便開始嘗試接觸藥頭，即使是自己一個人也不停抽著大麻。

同樣一句話聽在不同的人耳裡，卻有著截然不同的意思

對一般人來說，「加油」這個詞帶有鼓舞含意。

直人的母親不斷告訴直人「要加油！」，直人卻完全沒有感覺到受到母親鼓舞，反正覺得這句話是在「否定自己」。

這是因爲直人從小聽母親批評父親，導致產生了一種「父親的身影與自己重疊」的錯覺，認爲「加油」的背後是帶著否定的意思，進而解讀成：「你是一個不長進的孩子」、「這麼沒出息，你得好好加油才行」

雖然「加油」字面上的意思相當正面，但如果聆聽的孩子本身帶有強烈的「被害意識」或「疏離感」，它就會變成一句相當負面的話。

這樣的現象，經常出現在非行少年身上。一個自暴自棄的孩子，會冷眼看待世間的一切。

在這樣的心態下，不管聽見任何鼓舞、激勵的話語，都會感覺其中帶有譏諷的暗喻。

我們必須回歸到最根本的問題，也就是「探討孩子為什麼會帶有被害意識及疏離感？」會出現這樣的問題，就代表親子在日常生活中沒有達到良好的溝通。

以直人的狀況為例，先撇開父親的問題不談，如果母親在平日能夠讓他確實感覺到「我非常關心你」，相信直人在聽到「加油」時的感受也會截然不同。

像直人這種非行少年的父母，大多認為自己從不曾對孩子惡言相向，反而經常諄諄教誨。然而，重點不在於父母怎麼想，而是孩子的「主觀現實」。

儘管「怎麼說」很重要，更重要的是關心「孩子聽了之後的感受」。

例如，父母在對孩子說教時，或許說出來的話都很有道理，口氣也很溫柔，但往往都只是父母的自我感覺良好，孩子只覺得「你根本不瞭解我」。

只要觀察父母在少年鑑別所會見孩子時的對話，就可以很清楚看出這一點。

通常父母會說得頭頭是道，但孩子根本聽不進去。遇上這種狀況，父母大多會向我們訴苦：「我這麼努力爲孩子加油打氣，孩子卻完全不理我」。最大的問題就在於，孩子根本不認爲父母是在爲自己「加油打氣」。同樣一句話，在不同的情況下說出口，給孩子的感受是截然不同的，甚至有可能會變成完全相反的意思。

關於這一點父母一定要不斷警惕自己。

「加油」這句話，並沒有辦法提升孩子的動力

有些人在使用「加油」這句話時，意指「提升你（做事情）的動力」。以直人的例子來看，他從小就對學習及遊戲缺乏動力。可見動力並不是父母說「要提升」就可以提升，「拿出幹勁」之類的話也是大同小異。

不管是動力還是幹勁，都只能是發自內心，無法因他人的指令而提升。

不過，我們可以透過誘導的方式使其發生，而這在心理學上稱作「激勵（Motivation）」。

直人的母親如果能順利激勵直人，相信他一定會變得更加努力。就像前述案件中那位國小的級任導師，他靠著稱讚直人，成功提升了直人的動力。

只不過，母親不僅沒有跟進，反而還說了許多嚴格的話。即使明明心裡鬆了口氣，嘴巴上說的卻是「別這樣就滿足」、「還要繼續加油」，如此一來，直人好不容易提升的幹勁也都被磨耗殆盡。

其實在那個時候，母親原本有個扭轉局勢的大好機會，對於產生「想要努力看看的企圖心且實際採取了行動」的直人，母親應該要好好稱讚一番才對。

即便成績沒什麼改善，但稱讚孩子努力的過程，必能提升孩子的動力。

像這種時候，母親該說的話並不是「加油」，而是「我看得出來你很努力」或是「我知道你盡力了」。藉由承認其努力，可以表達對其行動的支持，藉此激勵出更大的動力。

直人感覺自己的努力遭到否定之後，就不再嘗試繼續努力。後來他整天窩在家裡，內心雖然對現況感到焦急，但卻也沒有辦法產生自行克服問題的動力。最後在朋友的誘惑下，染上了大麻的毒癮。

這正是典型的「逃避現實」。

大麻能夠讓直人輕易忘記現實中的煩惱，所以，他很快就深陷其中而無法自拔。染上了毒癮之後，要產生面對現實、解決問題的動力，就更加困難了。

「再怎麼努力也沒有用」——可怕的習得無助

不管怎麼做都沒有辦法改變現況，再怎麼努力也沒有用……有些人並非打從一開始就缺乏動力，而是在歷經了多次失敗或看不見成效之後，終於心灰意冷，不再採取行動。

像這樣的狀態，就稱作「習得無助（Learned helplessness）」，這是由心理學家馬丁．賽里格曼（Martin Seligman）在一九六七年提出的概念。他曾經做過以下的實驗——

將一群狗分成A、B兩組，分別關進兩間通了電流的房間裡。A組的房間只要按一下開關就能停止電流，但B組的房間不論怎麼做都沒有辦法停止。

過了一陣子，他將這兩組的狗都關進另一間房間。新的房間同樣有電流，牆壁卻很矮，所有的狗都可以輕易跳出去。A組的狗爲了躲避電流全跳出了牆壁，B組的狗卻一直待在通了電流的房間裡，並沒有嘗試跳脫。

從這個實驗可看出，曾經經歷過「不管怎麼做都無法停止電流」的狗，即使到了可以逃走的環境，也沒有採取行動。因爲已經放棄了希望，認爲「反正不管做什麼都沒有用」。

一旦陷入了「習得無助」的狀態，就沒有辦法再產生「下一次或許會成功」、「再試試其他辦法」之類的念頭。就算是有可能成功的事情，也會因爲不再採取行動而無法獲得成功。

這與第1章所提過的「監獄化」有點類似，但兩者在本質上並不相同。「監獄化」是因爲生活中很多事情都遭到禁止，在不斷遵從命令的過程中，喪失了自行判斷及行動的能力。

相較之下，「習得無助」只會發生在自由的環境之中，因爲行動一直無法獲得成效，久了之後就放棄了希望。

「監獄化」較常出現在監獄中，而「習得無助」較常發生在現實社會裡。

到底該如何讓孩子避免陷入「習得無助」的狀態？答案就是「稱讚孩子的行動過程」。

不管最後的結果是好是壞，只要孩子產生了「試試看」的動力，而且實際採取了行動，大人就應該加以稱讚。

例如，看見孩子正在看書準備考試，父母就應該以「你在用功唸書？這樣很棒！」之類的話來稱讚孩子。

不必想得太困難，只要在看見孩子採取行動時，隨口說上一句就行了。沒有必要說什麼長篇大論，只是讓孩子知道「我看見了你的努力」。

父母若能做到這一點，就算最後孩子的成績不理想，還是能夠保持正向積極的心態，產生「下次我要更努力」，或是「下次應該試試看別的讀書方法」之類的想法。當然若孩子的成績優秀，父母理當要稱讚，這點也同樣重要。

此外，我非常不建議父母「過度重視結果」。因爲還是會有很多時候，孩子雖然努力了，但結果不盡理想。

為了幫助孩子培養出「即使失敗還是會繼續挑戰」的心態，父母應該重視「過程」，並且最好養成「讚美過程」的習慣。

孩子或許只是「看起來沒上進心」

有些孩子其實很努力，只是外表看起來沒什麼上進心。尤其在非行少年的身上，經常可以發現這樣的現象。

有時孩子只是故意裝出沒上進心的樣子，因為心中認定「被人看見自己努力的樣子是很丟臉的事」。

像這樣的孩子通常對大人抱持不信任感，導致心態有些扭曲。這時如果對孩子們說出「提起幹勁」、「加油」之類的話，很可能會造成反效果，甚至會頂嘴一句「少囉嗦！」而從此不再努力。

就算看起來沒什麼上進心的孩子，私底下還是可能會嘗試做出一些努力。若想要給予激勵，最好的做法，就是在看見孩子採取行動的當下，立刻加以讚許。

「噢！其實你挺認眞的呢！」

其實只要隨口一句這樣的話就行了。

許多非行少年平常會表現出冷漠的態度，嘴裡總是說著：「反正努力也只是白費力氣。」然則大人只要趁他採取行動時趕緊予以表揚，少年往往會在某一天突然變得多話，進而對大人吐露所有心聲。

那種感覺有點像是矯正了少年的扭曲心態，使其恢復原本的純眞性情。

要矯正大人的心理扭曲，是一件非常困難的事，若是矯正孩子就簡單得多。

想想看，關在少年鑑別所裡的少年，心態幾乎都已經徹底扭曲了，對吧？但就算是那樣的少年，也有很大的機會能恢復眞誠。

因此，就算孩子表現出一副沒有上進心的樣子，甚至是對父母及周圍的大人展現反抗的態度，父母也不應該輕易放棄。

孩子不努力的原因是什麼？

案例中的直人一天到晚聽母親碎唸著「要加油」，他自己本人也感到很焦慮，認爲自己「應該要努力才行」。

然而，這又牽扯出了另一個問題，那就是「到底該怎麼努力」？

「要加油」這個要求太過抽象，孩子根本不知道該怎麼執行。

父母如果要求孩子「好好努力」、「再加點油」，同時也應該讓孩子明白具體的做法。

只要大人提出的做法，能讓孩子感覺「或許做得到」，孩子就有可能踏出第一步。

這個概念在心理學上稱爲「**小階段學習**（Small-Step Learning）」，意指不要一開始就把目標設定得太高遠，而是把目標切割成許多小階段，這樣就可以重複獲得成就感。

如果感覺孩子沒什麼上進心，或是已經放棄努力的話，**建議應該和孩子一同找出「不努力的原因」**。

舉例來說，孩子拿出學校作業，卻一直不肯開始寫，一下子塗鴉，一下子喝飲料，看起來一點幹勁也沒有。好不容易開始寫了，卻又立刻抱著頭發出呻吟。

此時，就算父母對孩子說「要加油」，也不會有任何效果。像這種情況，必定有著讓孩子無法努力的癥結。而父母應該做的，就是和孩子一同找出原因。

例如，孩子不肯好好寫二位數乘法的作業，原因可能是「不會進位」。但是孩子可能連自己不會什麼都搞不懂，只覺得「作業好難，完全不會寫」。像這種時候，父母可以建議孩子「先練習進位的相加」。

只要知道具體能做的事情，孩子就能夠繼續努力下去。

當然理由也有可能更加單純，像是想睡覺、肚子餓，或是心裡有煩惱不能集中精神等，只是若不先處理「不努力的原因」，孩子當然也就沒有辦法努力。

因此，父母應該要仔細觀察孩子，同時以「爲什麼不想寫作業？」、「什麼時候才會想寫？」之類的問句詢問孩子，陪著孩子找出不想努力的原因。

孩子不可能直接進入「自我實現」的階段

我們試著從另外一個角度，來探討孩子不努力的原因。

心理學家亞伯拉罕．馬斯洛（Abraham Maslow）將「人的需求」分成金字塔型的五個階段。金字塔由下往上，其分別是：「生理需求（Physiological needs）」、「安全需求（Safety needs）」、「社交需求（Social needs）」、

馬斯洛的五階段需求

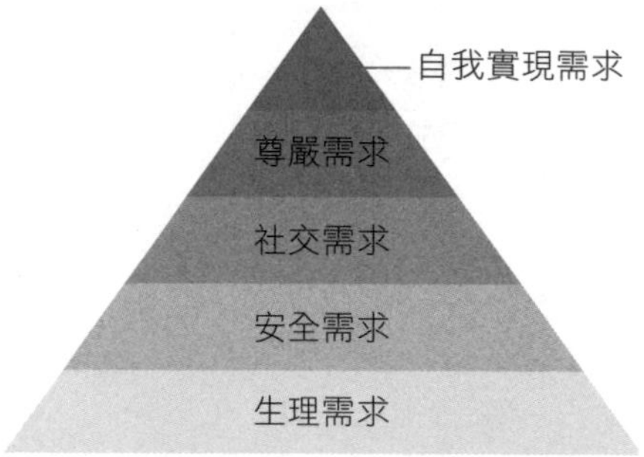

「尊嚴需求（Esteem needs）」及「自我實現需求（Need for self-actualization）」。

這個理論有一個重點，那就是必須滿足下層的需求，才會產生上層的需求。

例如，我們必須滿足進食、睡眠等「生理需求」之後，才會產生「想要居住在安全的地方（安全需求）」的念頭。

馬斯洛的五階段需求，其解釋如下——

・生理需求

進食、睡眠、排泄等維持生命所不可或缺的原始本能需求。

•安全需求

避免危險，居住在安全、安心的環境的需求。

•社交需求

渴望歸屬於某個集團或擁有同伴的需求，又稱爲「愛和歸屬的需求（Love and belonging needs）」。

•尊嚴需求

在團體中獲得高度評價，能力受到肯定的需求。

•自我實現需求

想要實現只有自己才能做到的事情，或是徹底發揮個人特色及潛力的需求。

父母在教誨孩子時，談的往往是最上層的「自我實現」。

「希望你能徹底發揮你的才能，實現偉大的成就。」

「希望你能找到你眞正想做的事情，達成自己的人生目標。」

當然孩子的最終目標，確實是自我實現，但父母在談論自我實現之前，應該先好好確認前述的四個層級，是否都已確實獲得滿足。

當父母告訴孩子「你應該找到你的夢想」時，或許孩子的「尊嚴需求」根本沒有獲得滿足。如果孩子的心裡還在想著「好希望獲得父母的認同」，當然也就無法談什麼自我實現。

當父母告訴孩子「你要爭取表現的機會」時，可能孩子的「社交需求」還沒有獲得滿足。孩子或許感到十分孤獨，很渴望加入某個看起來感情很好的小團體，在這樣的狀態下，當然不可能產生「想要獲得認同」的念頭。

因此，父母突然告訴孩子「你應該追求自我實現」，這絕對是行不通的。

獎勵有可能造成反效果

讀到這裡，你或許會產生以下的想法——

「我已經明白不能叫孩子加油的理由了，但問題是考試快到了，總得想個辦法讓孩子加油才行啊！」

總是會有「非常希望孩子加油」的情況，這點十分能夠理解。像是很多重要的考試，孩子只有一次應考的機會，到底該怎麼做，才能有效激勵孩子，提升孩子的動力呢？

首先，父母必須瞭解「激勵」有兩種形式——

第一種稱作「外在激勵（extrinsic motivation）」，指的是藉由外在的評價或報酬來誘發對方的行動。例如，業務員的收入會隨著業績而增加，這正是典型的外在激勵。

第二種則稱作「內在激勵（intrinsic motivation）」，指的是達成目標的充實感，能夠讓當事者產生繼續朝著下一個目標前進的動力。

這兩種激勵的方式都可以獲得不錯的效果，但如果組合搭配錯誤，或是使用在錯誤的時機及場合，有時會造成反效果。

爲了讓孩子能夠提起幹勁，相信有些父母會採用外在激勵，也就是給予孩子一些獎勵。

「這次考試如果及格，我就買給你一直很想要的電動遊戲。」

「只要你認眞上完今天的才藝課，我就給你吃冰淇淋。」

相信絕大部分的父母應該都有過這樣類似的經驗。

在此，我想先介紹一個心理學名詞，那就是「**破壞效應（undermining effect）**」，意指針對一個已經獲得「內在激勵」的行爲，如果再投入「外在激勵」，當事人的幹勁反而會下降的現象。

簡單來說，如果當事人已經抱持著想要加油、想要努力的心態，這時又被告知「如果做得很好，就可以得到獎勵」，**行為的目的會從「成就感」轉變成「獎勵（報酬）」**。如此一來，下次沒有了獎勵，當事人就會喪失幹勁。

舉個具體的例子，假設孩子本來就抱持著「想要幫忙媽媽」、「想要學做家事」的心情，而經常幫忙做家事。母親卻告訴孩子：「以後你每次幫忙做家事，我就給你1百圓。」

這麼一來，孩子會變成爲了得到1百圓這個「外在激勵」而幫忙做家事。往後母親若不再提供獎勵，孩子就不會想幫忙做家事，因爲「內在激勵」已被大幅降低了。

或許一般人會以爲給予金錢或是想要的東西，這類物質報酬才算是「外在激勵」，但其實「設定處罰規則」或是「設法讓孩子之間產生競爭」，也算是另一種面向的「外在激勵」。

「作業沒寫完，不能吃點心。」

「幫忙做家事的日子，我會在月曆上貼貼紙。以一個月爲單位，兄弟姊妹看誰拿到的貼紙最多，就可以得到獎勵。」

像這樣的做法，「外在激勵」會轉化成「目的」。

想要確實提升孩子的動力，就得把「破壞效應」也納入考慮才行。

既然給予獎勵會引發「破壞效應」，那「讚美」呢？

學界一般認爲心靈報酬（例如讚美），會比物質報酬（例如金錢）較不容易引發「破壞效應」。

只不過，如果讚美的標準只看成果，還是有可能會轉化爲「行爲的目的」。同樣以幫忙做家事爲例，父母只在孩子將衣服摺得又快又好時才加以讚美，摺得亂七八糟或動作太慢就不讚美，孩子會爲了受到讚美而努力做得更好。這麼一來，孩子摺衣服的技術確實進步了，但原本自發性「想要幫忙做家事」的動力則會下降。

這是因爲孩子會漸漸將「受到讚美當成自己的目的」，當未來有一天，孩子發現就算把衣服摺得很好也不會被稱讚時，很可能就不再摺衣服了。

若父母讚美的是「願意幫忙摺衣服的心態」，孩子的動力就會獲得提升。

「你想要學習幫忙做家事，眞的很棒呢！」

在做的過程中加以讚美，也有同樣的效果。

「噢，你在摺衣服呀？眞棒！」

「你在摺的時候會把衣服拉平，很聰明！」

父母若能這麼讚美，就能大幅提高孩子做家事的意願。

當然，不是不能在孩子達成目標時給予物質獎勵，而是給予物質獎勵有一個訣竅，那就是「一定要搭配心靈報酬（讚美）」。

父母給的物質獎勵會讓孩子感到非常開心，除了物質本身帶來的喜悅之外，還有一個很大部分，那就是「父母給獎勵」代表著「爸媽很開心」、「爸媽認同我的能力」。

相反地，如果只是單純給予物質獎勵，孩子的喜悅會變得非常短暫，而且沒有辦法進一步提升動力。

因此，比較好的做法是，父母一邊稱讚孩子的行為過程，一邊交出獎勵，同時明確地告訴孩子：「我真的很開心！」

能夠幫助孩子重新振作起來的「心理彈性」

即便孩子抱持著旺盛的企圖心，朝著目標不斷努力，最後也不見得一定能達成目標。

接下來，我想談的是當孩子沒有達成目標，或是挑戰失敗時的情況。

舉例來說，孩子努力準備某一場大考，卻沒有考上。此時，孩子可能會感到相當沮喪，再也提不起幹勁，心想：「我眞是沒用，這麼努力還是考不上」。

感到沮喪、提不起幹勁，都是相當正常的反應，只是總不能任由孩子徹底絕望，再也無法振作。

近年來「心理彈性（Resilience）」這個名詞相當受到關注，意指的是克服逆境和困境的力量。原本是心理學上的專有名詞，原意是「一個人在面臨逆境、心靈創傷、悲劇、威脅或強大壓力時的適應方法」，引申爲「遭遇困難後重新振作起來的力量」。

在心理學的領域裡，研究「心理彈性」的濫觴，是針對二戰期間歷經大屠殺後倖存下來的猶太孩童的研究。這些孩童曾經在集中營裡每日面對死亡，生活的環境可說是極度嚴苛。

根據後來的追蹤調查，有些孩童長大後一直無法擺脫那段時期的陰影，並出現各種不同的後遺症；但也有些孩童長大後克服了心靈創傷，人生變得非常正面積極。

那些變得正面積極的人有著一個共同點，那就是具備「心理彈性」，也就是他們擁有非常強的適應能力及復原能力。

最近這幾年，「心理彈性」的概念，被運用在更加廣泛的領域。在如今這個快速變遷且容易累積壓力的時代，「心理彈性」被視為適應社會的重要能力之一。

「心理彈性」的最大優勢並不是韌性，而是順應性。

就好像承受強風吹拂的竹子，並不會突然折斷，而是會在彎曲之後又恢復原狀。只要擁有夠高的「心理彈性」，就算內心一度陷入沮喪，也能夠快速復原，產生繼續努力的動力。

在此必須強調一點，重點並不在於「不陷入沮喪」。

當追求的目標越重要，一旦失敗就會越沮喪，這是人之常情，所以也不是要孩子當一個不失敗的人。而是天底下沒有人能夠永遠不失敗，而且失敗的經驗越少，遭遇挫折時就越容易一蹶不振。

根據運動選手的「心理分析」，找出提升「心理彈性」的祕訣

想要提升心理彈性，其訣竅就在於，必須經歷很多次「失敗、沮喪、重新振作」的過程。

我曾經參加過NHK電視臺BS1頻道一個名爲《千鳥運動立志傳》*的談話型綜藝節目。在那個節目裡，我爲好幾位運動選手進行了心理分析。

每一位選手的「心理彈性」都很高，不禁令人感到相當佩服。他們並沒有被重要賽事的壓力、低潮期、受傷等種種沉重的負擔給壓垮，即使是面臨一般人早已灰心的困境，他們還是能夠努力不懈地向前邁進。

爲什麼他們能夠擁有如此高的「心理彈性」？

理由就在於，他們經歷過的失敗比別人多，面臨過的危機也比別人多。

他們有過很多次克服逆境的經驗，因此深信「就算未來又遭遇危機，自己也一定能夠克服」。他們都擁有一顆堅強的心，能夠在遭遇失敗時自行判斷出該如何重新站起來。

此外，我也曾爲一位參加帕拉林匹克運動會*的選手進行心理分析，當時他的母親也在場，有著開朗的性格，是一位非常棒的女性。聽說，她總是在背後默默支持著那位選手，卻從不加以干預。

＊註：帕拉林匹克運動會（Paralympic Games）是專為身心障礙人士舉辦的大型國際運動會。

＊註：日文為「千鳥のスポーツ立志伝」。

身爲帕運選手的父母，她應該非常擔心孩子在比賽中受傷。但她總是讓孩子「放膽去做」，從來不曾因爲怕孩子受傷而加以阻止。而且孩子只要出國比賽，她總是跟隨在旁照料，用行動支持。

要相信孩子並且完全放手，需要非常強大的精神力。在很多時候，母親出手幫忙，其實比袖手旁觀要輕鬆得多。

然而，唯有經歷失敗及困境，並且加以克服，才能夠提升孩子的心理彈性，打造出不會輕言放棄的強韌心靈。

父母守護在孩子身邊時，有一件事情要特別留意，那就是當孩子陷入沮喪時，父母絕對不可以跟著沮喪。

若父母露出一副世界末日的表情，孩子要產生重新振作的勇氣，就會加倍困難。像這種時候，父母應該盡量不要使用「加油」之類的字眼，而且要設法讓孩子「感受到希望」，讓孩子相信「明天會更好」。

以剛剛提到的那位帕運選手爲例，他曾經受過非常嚴重的傷，差一點就要放棄運動。母親當然也受到相當大的打擊，但母親從來不曾在孩子面前掉下眼淚，反而堅強地陪著孩子尋找希望。

與其追究原因，不如引導孩子看見希望之光

當孩子陷入沮喪時，大人最重要的工作，就是引導孩子看見希望之光。為了找出希望之光，有時必須先確認「失敗的原因」。只不過，由大人直接告訴孩子「你失敗的原因是○○」，基本上並沒有太大的意義。

當孩子感到灰心時，自己就已經百思不解原因了，甚至不停地自怨自艾思索著「我這裡做得不好」、「我那裡做得不對」，若此時大人跟著一起追究原因，就有點像是在落井下石。

此外，由大人告知「你因為○○所以失敗了」，孩子容易失去自我判斷的機會，應該要盡量留給孩子「自行思考的空間」。

因此，當孩子正陷入沮喪時，大人最適合說的話，是告訴孩子：「因為有這次的失敗，你才能找到成功的方法」，以及「下一次必定會比這次更好」。

第4章

「你要我說幾次」會破壞孩子的自我肯定感

案例 4

仁美

援交（曝險*）——與複數非特定男性發生性關係，取得金額合計約15萬圓。

・・・

仁美目前就讀國中三年級，正在準備考高中。父母兩人都擁有高學歷，抱持著非常重視學歷的價值觀。

「一定要考上明星學校，就算學費貴也沒關係。」父母經常這麼告訴她，他們認為不管是讀書還是工作，都必須拿到好成績，才能擁有幸福的人生。

當然，父母也知道不能對孩子太過嚴格，所以很少直接要求仁美「應該做什麼事」。取而代之的是，從仁美小時候起，父母就經常在她面前稱讚其他家的孩子，希望讓她有仿效的對象。

「聽說美沙讀幼兒園時，畫畫得了獎呢！」

「聽說小健上國小之前，就把九九乘法表背得滾瓜爛熟了。」

母親總是會像這樣，故意在仁美的面前談論別人家的孩子。

仁美是三個孩子中的長女，母親對她抱持很大的期待，認爲只要把仁美教好，弟弟妹妹就會向姊姊看齊。

然而，小時候的仁美根本沒有察覺母親說那些話的用意，心裡只覺得「美沙和小健都好厲害」。

國小三年級的某一天，仁美從學校回到家裡，坐在書桌前準備寫功課。這時是炎熱的夏天，仁美在學校剛上完游泳課覺得有點累，就趴在桌上睡著了。

「是要我說幾次！」

身邊突然響起母親的責罵聲，仁美嚇得跳了起來，完全不明白發生了什麼事。

「上次媽媽不是才跟妳說過小慶的事嗎？小慶回到家不管多累，

＊註：曝險，為法律上的專有名詞，指未成年者的行為，接近觸法邊緣但尚未完全觸法的情況。以前稱作「虞犯」，自二〇一九年修改《少年事件處理法》之後改稱為「曝險」。

一定會先寫完功課才做其他事情，所以他才會那麼厲害，成績那麼優秀。媽媽不是跟妳說過嗎？」

這時，仁美才恍然大悟，原來母親說那些話是這個意思。從小到大母親就很少稱讚自己，反而時常聽見母親稱讚別人家的孩子；原來母親是要自己跟別人家的孩子一樣。

從那天之後，仁美經常感覺母親說的話帶有否定自己的含意，於是逐漸喪失了自信。

由於太過在意母親對自己的評價，仁美變沒有辦法自己設定目標，也不知如何主動朝著目標努力。她唯一能做的事情，就是到處尋找比自己更差的人，藉此獲得安心感。

上了國中之後，仁美開始上補習班，父母給了她一支手機好方便聯絡。自從有了手機，仁美便沉溺於社群網路。因爲在網路上可以輕易和不認識的人交流，只要說出自己是國中女生，就能獲得許多男性網友的關心與注意。

那些男人願意聆聽仁美傾訴煩惱，而且不吝給予各種讚美。仁美也逐漸恢復了自信，原來自己並沒有過去所想的那麼糟糕，這讓她感到非常開心。

過了一陣子，仁美開始接受成年男人的邀約，不僅和對方見面，甚至還發生性關係，對方總是會給仁美一些錢。

「原來我也是有價值的人。」

這樣的行爲讓仁美沉浸在滿足之中。

當然仁美的心中或多或少有些罪惡感，但她並不覺得自己的行爲是賣春。雖然她拿了男人們的錢，但自己只是跟他們交往，何況有些男人並沒有要求性行爲。

後來因爲其中一名男人遭到逮捕，仁美的援交行爲才曝了光，最後她被送進了少年鑑別所。

沒有辦法好好珍惜自己的孩子們

像仁美這樣的狀況，以法律用語來說，稱作「曝險」。也就是雖然不到眞正犯罪的地步，但根據其環境及性質來研判，將來會犯罪的風險很高。

仁美是一個對自己非常沒有自信的女孩子，從事援交的目的，也是爲了獲得「受到重視的感覺」。除了自己被需要的心靈滿足感，再加上能夠賺取零用錢的物質滿足感，讓她很快就深陷其中而無法自拔。

在少年鑑別所裡，類似的案例可說是多到數不清。男人對這些少女表現出關懷與呵護，其實只是爲了尋找發洩性慾的對象。少女們其實心裡也很清楚，卻不認爲這有什麼不好。

在這個案例中，仁美會向男人收取金錢。但在現實中，有些少女甚至不會向男人索討任何報酬，她們只是希望有個人能夠關心、重視自己，就算只是逢場作戲也沒關係。

有些少女甚至經歷多次的懷孕及墮胎，身心都受到嚴重創傷。就算勸她們

「應該好好珍惜自己的身體」，她們也會露出一副「沒什麼好珍惜」的態度。因爲她們不知道自己的價值，不認爲自己有被珍惜的必要。

這是多麼令人扼腕的事。像這樣的少女，若能提升自我肯定感，應該就能體會珍惜自己的重要性。

所謂的自我肯定感，是指對真實自我抱持肯定意識的感覺，即使不與他人比較，也能認同及尊重自己的存在價值，可說是創造美好人生的原動力。

仁美的母親經常拿她與其他孩子比較，言詞中隱含著「貶低」之意。仁美聽在耳裡，感覺就像是不斷被母親告知「妳比別人家的小孩差多了，眞是沒出息」。在這種環境中長大的仁美，當然會自我肯定感偏低。

或許母親本身並沒有貶低女兒的意思，只因爲對孩子的期望太高，而導致對孩子的表現抱持強烈的不滿。而這種不滿形成了強大的壓力，才會讓母親激動地說出「妳是要我說幾次」這種話。只不過，母親如果眞的疼愛自己的女兒，實在不應該使用這種未經深思熟慮的情緒性話語。

「母子連心」、「家人之間的默契」之類的觀念，常讓父母誤以為「就算不說出來，孩子也會懂」，但那完全是存在於父母心中的幻想。

父母一定要經常找機會告訴孩子：「只要你能夠健康長大，我就很開心了。」、「不管你表現得好不好，都是我的心肝寶貝。」

重點在於，必須讓孩子了解父母愛他並不是因爲他「有什麼能力」，或是「比別人優秀」，就算他什麼都做不好，那也沒有關係。

讓孩子知道自己本身就有著無可取代的價值，是一個值得受到尊重的人。

自我肯定與自我中心

「自我肯定」與「自我中心」，乍看之下都是對自己的重視，但實際上是兩種完全不同的概念。

「自我中心」是指行為上完全以自身利益及自己關心的事情為依據，不在乎他人的需求及感受。不管什麼事情都認爲自己是對的、自己是最棒的，當然在社會上也就沒有辦法與他人融洽相處。

每個人在幼兒時期，都是以自我中心的度面對這個世界，隨著年紀增長，孩子漸漸學會了如何站在他人的觀點看待事物，這在心理學上稱作「觀點取替（perspective taking）」。

從這個階段開始，孩子就不會一心只想著「我如何如何」，而是會考量雙方的立場及狀況，進而採取行動。

「自我中心（egocentrism）」與「同理心（empathy）」有著很深的關係，這部分將會在第6章詳述。

大多數非行少年都有「自我中心」的問題，他們會完全基於自己的利益採取行動，不在乎違背社會規範或損及他人的感情及利益。

這其實跟「重視自己」完全是兩碼子事。如果他們很看重自己的話，照理來說，應該會有很高的自我肯定感，但實際上卻完全沒有。

說得更明白一點，非行少年的自我肯定感非常低，他們不明白自己應該受到尊重，所以當然也不懂他人同樣也應該受到尊重。

有些犯罪者長年胡作非爲、不管他人死活，但其實只要對這些人進行心理分析，往往就會發現他們的內心深處，其實隱藏著「不管自己死活」的想法。

在欠缺自我肯定感的情況下，女孩子可能會做出援交之類的行爲，而男孩子則傾向於「多種方向犯罪」。

所謂的多種方向犯罪，指的是一名罪犯反覆做出竊盜、傷害、猥褻、破壞建築物等不同類型的犯罪行爲。絕大多數的犯罪者都是單一方向犯罪，犯竊盜罪的就只會犯竊盜罪，犯傷害罪的就只會犯傷害罪。而多種方向犯罪者，通常是忠於自身欲望而漠視社會規範的人，他們會反覆觸犯各種不同的法律。

一般民眾往往會驚訝於這類型犯罪者的自私與任性，但其實他們最根本的問題是「欠缺自我肯定感」。

每當我與這類型的非行少年或罪犯對談時，最常聽到他們脫口而出的一句話是「反正不過爛命一條」。他們有些看起來很壯碩，也有些看起來很聰明，但幾乎沒有擁有高度自我肯定感的。

少年院的老師在教育非行少年時，第一步都是先肯定他們。當然不是肯定他們的行爲，而是肯定他們的「自身價值」。因爲他們的自我肯定感實在太低了，這是幫助他們重新做人的首要條件。

要稱讚到孩子的心坎裡，前提是做好觀察的功課

「肯定孩子」並不代表無條件地把孩子捧上天，而是對孩子的存在本身採取接納、包容的態度，以及在各種方面（即使是微不足道的事情也沒關係）多加讚美及表達認同。

少年院的老師們在這方面眞的做得很好。舉例來說，當少年在執行某項工作時，老師可能會從中找出細微的變化及進步之處，趁機稱讚：「你比昨天做得更

好了。」或是「你這邊處理得很棒。」

少年們一開始都不會給老師好臉色看，因爲他們多半不習慣受人讚美，往往不知該露出什麼樣的表情，也不懂要說什麼話才好，但老師的讚揚都會進入到少年們的心坎裡。

要注意的是，如果讚美得太誇張，反而不容易取得信任，少年會認爲「老師只是想靠這種話術來控制我」。若是能巧妙地針對某個關鍵點，輕描淡寫地稱讚個兩句，就算是疑心病重的少年，也不會露出不悅的表情，反而認爲自己的能力眞的獲得了肯定。

爲什麼老師能夠針對關鍵點讚美？因爲老師會仔細觀察每個少年的行爲。在執行工作時，少年可能會有一些自己的想法，像是「今天我打算這樣試試看」、「這個地方我想挑戰不一樣的做法」等，每當被老師發現這樣的變化，就會抓緊機會加以讚許。

不需使用「你眞是太棒了」之類浮誇的詞句，也不必把少年捧上天，只要輕描淡寫地說：「你挑戰了新的做法呢！」少年就會感受自己被肯定了。當努力或成長獲得肯定，少年的自我肯定感就會跟著提升。

觀察的重點

這一節我特別想要強調的是，觀察的重要性。

在序章中就曾經提過，「行爲觀察」是心理分析的重要手法之一。光靠對談及心理測驗，並沒有辦法明白少年的本性。

少年在對談時所說的話，與平常的言行舉止往往不會一致。和大人面對面時，有些少年會故意裝出乖乖牌的樣子，有些少年則剛好相反會故意裝出粗暴或惡劣的一面。

透過日常生活中的觀察，能看出很多細節，而這樣的做法也適用於家庭。

面對父母時的孩子，與日常生活中的孩子，往往有著不同的面貌。

有些父母自認爲與孩子無話不談，但其實從來不曾眞正觀察過孩子，也未察覺到孩子的另一面。

觀察孩子在日常生活中的言行舉止，不僅可以發現值得稱讚的點，也有助於察覺孩子所發出的求救訊號。

建議父母將「觀察孩子」當成一種習慣。不管是一個人獨處時、和兄弟姊妹在一起時，或者是和朋友一起玩時，都是觀察的好機會。

觀察的重點，就在於留意孩子的行為變化。包含孩子做了平常不會做的事情，或是露出平常不會露出的表情。

這一點也不難，只要養成觀察的習慣，一定會有發現變化的時候。一旦看見孩子的努力或成長，就要趕緊加以稱讚。

長期不加理會，自我肯定感會持續下滑

針對13歲至29歲年輕人的問卷調查：
「是否對自己滿意？」

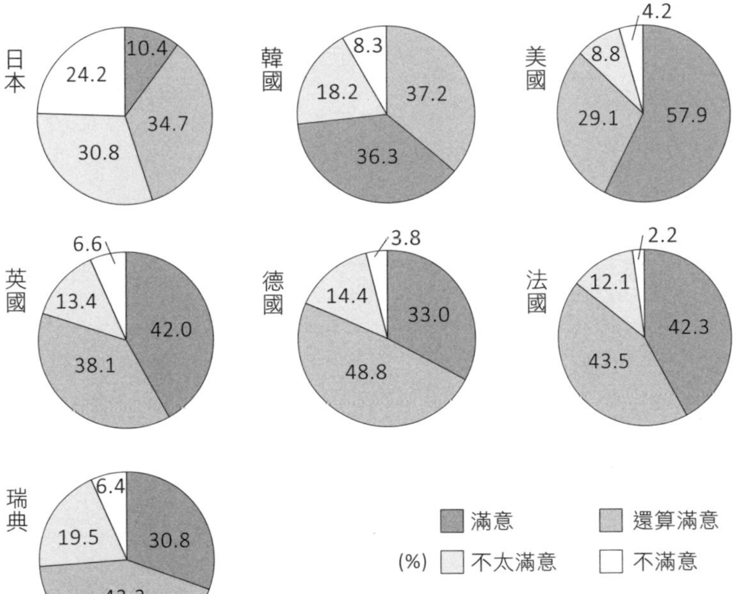

※出處：《與諸外國的年輕人意識相關調查（2018年）》（內閣府）

日本人向來自我肯定感過低，而近年台灣也有類似的問題，甚至還伴隨著焦慮。

根據內閣府的調查，「對自己很滿意」的年輕人比例，歐美國家約80％，日本只有約40％。

近年來自我肯定感的問題相當受到關注，許多教育機構都安排了特別的課程，但問題並沒有獲得明顯的改善。

另外還有一點值得注

針對13歲至29歲年輕人的問卷調查：
「是否喜歡現在的自己？」

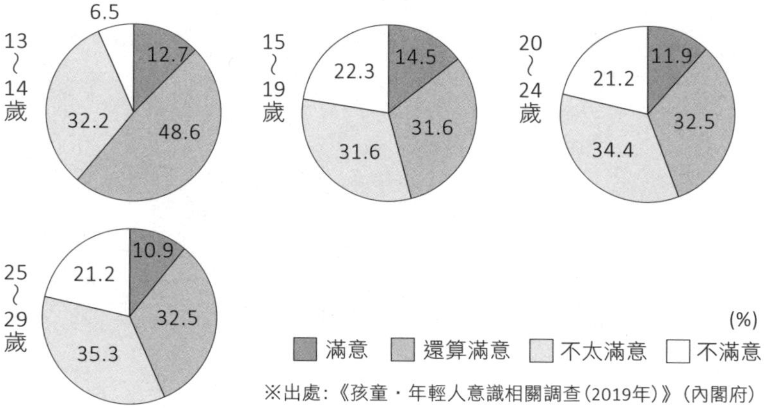

※出處：《孩童・年輕人意識相關調查（2019年）》（內閣府）

意，那就是在成長的過程中，自我肯定感會逐漸下滑。

同樣是內閣府的調查，「喜歡現在的自己」的年輕人比例，有隨著年齡上升而減少的趨勢。

年輕人在進入青春期之後，會開始思考許多關於自己的事情，變得討厭自己也是很正常的現象。「朋友○○真厲害，比起來，我實在是太沒用了……」類似這樣的負面想法，相信每個人都曾有過。

十三歲到二十五歲，常被稱作「波濤洶湧的世代」。由於身心快速發育，很容易會感覺到不安及徬徨；原本在幼童時期擁有的高度自我肯定感，會開始逐年下降。在正常的發展過程中，年輕人會自行找出屬於自己的課題，並且加以克服，讓自己變得越來越滿意自己。

父母應該做的，是守護在孩子的身邊，必要時提供若干協助。

如果是比較容易感到沮喪的孩子，父母可以試著以「你有你的存在價值」之類的話來鼓舞孩子。孩子進入青春期之後，父母往往比較沒有與孩子閒聊的機會，此時對孩子的觀察就顯得更爲重要。

只要平常做到認眞觀察孩子，一定會看出孩子什麼時候需要父母的幫助。

另外還有一個重點，那就是孩子必須自行面對自己的課題。

「自我效能（self-efficacy）」是一個與自我肯定感頗爲類似的名詞，指的是相信自己可以解決問題、達成目標的信心程度。

自我效能越高，就越有可能在面對課題時採取實際行動。相反地，自我效能如果太低，在面對課題時往往會抱持「我一定解決不了」的悲觀心態，很可能打從一開始就不會採取行動。

「自我效能」與「自我肯定感」有著非常大的關聯性。當孩子相信自己擁有存在價值，對於問題也會抱持比較正面積極的態度。這麼一來，成功的經驗自然也會增加，又能提升更多自信。

綜合以上所述，你應該可以明白，如果孩子在幼童時期的自我肯定感太低，在進入面臨眾多課題的青春期之後，要提升自我肯定感，就會變得非常困難。

若孩子不敢勇於挑戰，當然就無法跨越障礙，導致更加喪失自信。如果這時父母又落井下石，說出「沒出息」之類的話，自我肯定感會更加大幅下滑。

認清「要我說幾次」這句話背後的一廂情願

仁美的自我肯定感非常低，當然不會只是因爲母親的「要我說幾次」這句話的關係。但不能否認，這句話是讓孩子喪失自信的原因之一。

「要我說幾次才會懂？」

「我上次不是說過了嗎？」

「你夠了沒！」

當父母說出這些情緒性的話語時，傳達給孩子的訊息是：「說了這麼多次還做不到，你真是沒出息！」

這些話雖然有助於宣洩父母的壓力，卻沒有辦法解決任何問題，反而降低孩子的自我肯定感。

或許有讀者會想問，既然不能說這些話，要如何解決「父母說了很多次，孩子還是沒有改善」的問題呢？

這個問題其實分成兩個層面，首先應該思考的是「孩子是否確實理解了父母所想要傳達的」。

在仁美的例子裡，母親知道不能對孩子過度要求，所以她從來不曾直接了當地對仁美說出「妳應該這麼做」之類的話。她選擇的做法，是不斷在孩子面前稱讚第三者，藉此暗示「妳應該以那個人爲榜樣」。在母親的眼裡，這樣的做法似乎沒有問題，也認爲自己的意思已清楚傳達，仁美沒有聽懂是她的問題。

然而，現實的狀況卻是仁美根本沒有聽出母親的言下之意。因此，當母親激動地對她大吼出「要我說幾次」，仁美嚇了一大跳。

這當然是比較極端的例子，但在現實生活中，確實經常發生「父母說了很多次，但其實孩子根本沒聽懂」的情況。這時，就必須思考該如何改變表達方式。

從另外一個層面來看，母親生氣的理由，很有可能只是基於自己的一廂情願。母親會憤怒地說出「要我說幾次」這種話，是因爲她對仁美抱持著一種預期心理，只是仁美沒有做到，所以母親感覺遭到孩子背叛。

像這種情況，必須先思考母親心中的期望是否合理？仁美是否應該不管再怎麼累，都要先把功課寫完？

母親認爲仁美要考上升學率高的名校，所以平時一定要努力唸書、認眞寫作業。但這畢竟只是母親自己的價值觀，卻強迫仁美接受，說穿了是自己一廂情願的想法。

所有的父母都會說「我是為了孩子著想」，但其實在這心態的背後，往往隱含了父母的私心。或許只是想要獲得心安，也或許是想要在親朋好友的面前抬得起頭來。

當為人父母者忍不住想要說出「到底要我說幾次」這種話的時候，正是檢視自己是否一廂情願的大好機會。

建議父母當遇到這種狀況時，嘗試把心中的想法寫下來。究竟自己生氣的點到底是什麼？是孩子的課業問題？是關於教養的問題？還是關於人際關係？

答案的傾向，代表著你所重視的價值觀。

當然擁有價值觀本身並不是一件壞事，但如果「應該要這樣才對」的想法，已足以讓你憤怒不已的話，你就應該要設法察覺這個問題，這才是解決問題的第一步。

要是不小心說出「我家的孩子好笨」這種話……

我們普遍認爲謙虛是一種美德，當受人稱讚時，總是會忍不住說出「不，我還差得遠呢」之類的話。

同樣的情況，也會發生在不同孩子的父母之間的對話上。多數父母會基於謙虛的美德，不斷捧高對方的孩子，而貶低自己的孩子。

「你家的孩子已經會背九九乘法表了？眞是太聰明了！哪像我家的孩子，數學完全不行。」

「哪有，我家的孩子才不聰明。聽說你家的孩子很喜歡看書，太厲害了。」

歐美人士要是聽見了，一定會很驚訝「爲什麼要這麼貶低自己的孩子？」但在一些亞洲國家，這是讓人際關係維持圓融的重要溝通手段。

「是啊！我家的孩子就是這麼聰明，而且他還有很多其他優點……」

要是有爲人父母者說出這樣的話，相信大多數的人聽了都會皺起眉頭吧！要在他人的面前稱讚自己的孩子，現實生活中還是有些難度。其實夫妻的狀況也一樣，少有人能夠對著他人不斷稱讚自己的另一半。

謙虛是美德，相信大多數的家長，應該都曾在他人面前貶低過自己的孩子。當孩子聽見父母對著外人如此評論自己時，心裡一定會有點難過。若是一天到晚都聽得見，自我肯定感一定會直線下滑。

雖然對他人稱讚自己的孩子是最好的做法，但不是每個父母都做得到。此時可以選擇折衷的辦法，那就是在外人的面前謙虛，但事後向孩子解釋清楚。

「對不起，媽媽剛剛說你數學不行，但其實媽媽相信你是做得到的。」

「媽媽聽人家稱讚你會背九九乘法表，眞的很開心呢！媽媽也覺得你很棒，是個聰明的孩子。」

只要像這樣解釋清楚，孩子的自我肯定感就不會受損。

謙虛之後有沒有向孩子解釋清楚，長期下來的教養差距會非常巨大。

第5章

「好好用功唸書」會破壞彼此的信賴關係

案例5

浩二

殺人未遂——企圖在家中開槍射殺父母

．．．

浩二是高中二年級的學生，就讀縣內相當知名的明星高中。他從小就很會唸書，而且從來不曾忘記寫作業，是個典型的好學生。

母親是開診所的醫生，每天從早忙到晚。由於母親很少在家，所以是由父親肩負起照顧浩二的責任。父親是個性格穩重、清心寡慾的人，總是把家裡打理得很好，一家人生活沒有任何問題。

自從浩二進入青春期之後，承受了來自母親的過多壓力，開始感覺到痛苦，因爲母親希望浩二能繼承她經營的診所。

這家診所是在浩二就讀國小時開業的，由於購置了血液透析機等昂貴設備，母親知道僅靠她這一代的診所收入，是無法追平成本的。

「你要好好用功唸書，考上醫學系，將來繼承媽媽的診所。」

母親經常這麼告訴他。

其實浩二還有一個哥哥，但哥哥不擅長唸書，母親只好將所有的希望都寄託在浩二的身上。

就讀國小時，來自母親的期待還讓浩二感到相當開心，所以非常用功唸書。然而，一上了國中，浩二開始萌生出「爲什麼對我特別嚴格」的想法。

哥哥就讀的是工業高中，並開始學習設計，聽說未來的夢想是進入動畫產業工作。浩二每次看見哥哥那容光煥發的表情，內心總是羨慕不已。

「爲什麼哥哥可以選擇自己的工作，我卻不行？」

國中二年級，浩二決定找父親商量這件事。沒想到父親聽了之後，竟然露出「你怎麼會說這種話」的表情。

「那是因爲媽媽對你抱著很大的期待，而且媽媽相信你做得到，你應該感到驕傲。」

父親的回答，讓浩二感到相當失望，他覺得這個世界上沒有人眞正理解自己。母親成天忙於工作，在家裡的時間很少，浩二根本不認爲母親會有時間聽自己說話。

升上國中三年級，學校安排家長與老師對談，討論學生未來的出路。那是母親第一次來到浩二的學校。

「我兒子說將來想當醫生，希望能繼承我的診所，麻煩老師以這個方向指導他。」

母親這麼告訴老師，但浩二既氣憤又沮喪，內心吶喊著「我從來沒說過那種話」，卻什麼話也不說出口。

後來，浩二考上了縣內升學率最高的明星高中。只不過，自從上了高中，浩二的成績再也沒有辦法像國中那樣名列前茅，幾乎每次考試的分數都是吊車尾。

明星高中裡聚集了非常多優秀的學生，讓他徹底明白原來自己的實力也不過如此。不僅喪失了自信，而且非常擔心成績的事情被父母知道之後，他們會有什麼反應。

浩二用盡了各種辦法，不讓父母知道自己的成績，然則畢竟紙包不住火。

「看來高中考得不錯，讓你得意忘形了。」

「你眞的是辜負了我們對你的期待。」

浩二承受著來自父母的責備，過去的不滿逐漸轉爲怒火——如果再這樣下去，自己的人生絕對無法獲得幸福，爲了自己的幸福，只能讓父母從世界上消失——浩二的想法變得越來越偏激，他偷偷使用哥哥的３Ｄ列印裝置，製作了一把手槍。

某個假日的晚上，浩二趁著夜闌人靜，打開父母的房門，朝著房內胡亂開槍。幸好那把自製手槍的品質太差，父母雖然被子彈打中，但沒有生命危險。

浩二很快就被父親制伏了，事後他供稱，自己也不明白爲什麼會突然無法壓抑心中的怒火。

成績優秀的「好孩子」犯下重罪的原因

在這個例子，浩二是個成績優秀、前途似錦的好孩子，沒想到他竟然朝著父母開槍掃射。

事發之前，浩二從來沒有在家中使用過暴力，甚至不曾表現出反抗的態度。但他為了殺害父母，可說是準備得相當周到，足見他的心中懷抱明確的殺意。儘管浩二的父母只是受了輕傷，但心中的震驚恐怕難以言喻。

浩二的父母一直希望他好好唸書，將來繼承診所，沒想到這份期待卻將浩二壓得喘不過氣來。

對孩子來說，承受父母的期待，當然有開心的一面。在這個例子裡，浩二為了不辜負父母的期待，曾經相當努力用功唸書。

然而，父母與浩二之間，卻有著很大的問題，那就是「父母從來不重視浩二的心情」。母親總是單方面地要求浩二，不與他溝通；而當浩二找父親商量時，父親卻露出一副不當一回事的表情，讓他相當失望。

另外還有一點，那就是「父母沒有肯定浩二的努力」。

雖然上了高中之後，浩二的成績並不理想，但那並不是因爲偷懶、鬆懈的關係，而是環境的改變實在太大，要維持優秀的成績實在不是一件容易的事情。

沒想到父母只看到結果，就嚴厲指責浩二，完全漠視他的努力。浩二承受了非常大的壓力，只好設法隱藏成績單，不讓父母知道自己的成績變差。

隱藏成績單的行爲，其實就是浩二發出的求救訊號。

除此之外，那個時期的浩二一定也出現了言行舉止及表情上的變化。父母不但沒有察覺他的困境，還繼續要求成績，可說是極不適當的做法。

像浩二這樣的「好孩子」犯下重罪的案例，在現實生活中並不算罕見。父母的過度期待，往往會將孩子逼上絕路。

「擴大性自殺」的心理現象

在這個案例中，浩二的攻擊對象是自己的父母，但有些案例則並非如此。

二〇二二年一月十五日，東京大學（當時是大學入學考的共同考場）的校門前，一名高中二年級的學生持刀胡亂砍人，導致男女共3人分別受了輕重傷。這名少年遭到逮捕之後，聲稱自己原本以東大醫學系爲目標，每天用功唸書，但大約一年前起，他的成績漸漸退步，導致他心生絕望。因此，他打算在東京大學的校門口，胡亂殺幾個人之後再自殺。

在這起事件之前，還發生過好幾起震驚日本社會的事件。

二〇二一年八月，小田急線的列車內，一名36歲的男子持刀砍傷乘客，依殺人未遂的罪嫌遭到逮捕。後來陸續有民眾模仿這起案子，在列車內持刀傷人。

二〇二一年十二月，一名61歲的男子對大阪的一間診所縱火，導致診所內的醫護人員及病患共26人葬身火窟。據說，這名男子事前計畫了至少10個月以上，放了火之後，他也進入火場，結束了自己的生命。

這幾起案子都是所謂的「**擴大性自殺（extended suicide）**」。

所謂的「擴大性自殺」，指的是一個對人生絕望的人，不僅想要自殺，還想把其他人也一起殺死的現象。

他們一來不甘心自己一個人死，二來不敢自殺，希望靠死刑來結束生命。再加上他們認爲自己會那麼痛苦，都是社會的錯，所以想要隨機殺幾個人來洩憤。

當然在前述的例子裡，浩二並不打算在殺死父母之後自殺，但他應該很清楚，一旦犯下這樣的罪行，自己在社會上就再也沒有立足之地。殺死父母之後，自己一定會遭到逮捕，當然也沒有辦法再去上學。包含哥哥在內，所有的親戚及朋友都會離自己而去。不僅如此，過去不斷爲自己加油打氣的學校及補習班老師，一定也會非常失望。

在社會上沒有立足之地，對年輕人來說，就跟「自殺」沒有兩樣。因此，浩二的行爲，也算是一種「擴大性自殺」。

不幸中的大幸，是浩二沒有眞的殺死父母。後來浩二在少年院生活期間，冷靜地省思自己與家人之間的關係，走上改過自新的道路。

不管是浩二的事件，還是東大校門口隨機傷人事件，都可明顯看出年輕人的「擴大性自殺」現象背後，隱含著青少年特有的「心理視野狹隘」問題。

簡單來說，青少年會不斷思考關於自己的事，而且容易產生不安與徬徨的情緒。一旦持續承受強大的壓力，他們的視野就會變得非常狹隘，容易鑽牛角尖。

這種狀態下的年輕人，會喪失理性的邏輯思考能力，沒辦法爲問題找出合理的解決方案，而且過度鑽牛角尖，導致產生「只能一死了之」的念頭。

如果是成熟的大人，一定能想出很多其他的解決辦法，但青少年會陷入「心理視野狹隘」的狀態，接著萌生走投無路的錯覺。

有些人會爲了向整個社會展現自己的影響力，故意連累無辜的其他人。基於對社會的憤怒，導致他們湧起一股「不正常的自我展示欲望」。

爲了滿足心中的欲望，他們可能會安排縝密的計畫，收集各種必要的資訊，甚至是設法取得武器。不論任何麻煩事都甘之如飴，甚至會一邊準備，一邊沉浸在自己的美夢之中。

「只有這麼做，才能留下我活著的證據……」

因爲他們總是把煩惱悶在心裡，而且視野過於狹隘，才會出現這種不符合現實狀況的荒謬想法。

當有孩子陷入這種視野狹隘的困境時，周圍的大人們一定要積極介入，讓孩子知道「其實還有其他選擇」。

請千萬不能使用「你怎麼會有那麼愚蠢的想法」之類徹底否定，一定要先接納孩子的觀點，然後一起思考其他的解決辦法。

有動機也沒有關係，只要別付諸行動就行了

人生在世，總是會遇到許多困境。就算是現在活得很好的大人們，一生中應該或多或少也曾經有過想要尋死的念頭吧？

「如果我現在死了會怎麼樣？」

「家人和朋友們會有什麼反應？」

或者是產生殺人的欲望。

「如果沒有那傢伙就好了。」

「乾脆想辦法殺了他。」

我相信有不少人曾經有過非常憎恨某個人，忍不住想把對方殺死的經驗。我自己也不例外，而且這樣的想法本身並不是什麼罪過。或許有些人會認爲「就算只是有動機也不行」，但其實擁有動機本身並沒有什麼問題。

在我們的生活周遭，每個人都是一臉道貌岸然的樣子，抱持動機的人比比皆是，只是沒有付諸行動而已。

動機並不是重點，做與不做才是。

「千萬不能有一絲一毫尋死的念頭。」

「絕對不能抱持想要殺人的可怕想法。」

我們沒有必要如此否定自己的想法，反而應該更誠實地面對自己的心情。因為既然有動機，代表背後一定有原因。

不從根本的原因下手，就無法解決問題，壓抑反而會讓問題更加惡化。

預防犯罪與非行的「風險與成本」觀念

即便有犯罪動機，但大多數人並不會付諸行動。理由就在於，風險太高，執行之後會失去的東西太多。

因此，我多年來一向以「風險與成本」觀念，來說明如何杜絕犯罪。「風險」指的是犯罪後遭逮捕的風險；「成本」則指的是犯罪後（不管有沒有遭逮捕）將會失去或犧牲的事物。

過去有些專家試圖以經濟學理論中的「成本效益比（cost performance ratio，即CP值）」來解釋犯罪行爲。簡單來說，就是當效益超過成本時，有犯罪意圖的人就會付諸行動。相反地，如果犯罪的效益不符成本，就算想犯罪也不會眞的採取行動。

我在從前當學生時，也認為這樣的說法頗有道理。但自從出了社會，有了與犯罪者對談的經驗之後，發現幾乎所有的犯罪者在採取行動之前，都不曾想過「成本效益比」的問題。

有些竊賊費心費力，只為了竊取一點微不足道的小東西，若以「成本效益比」來看，他們根本不可能付諸行動。

既然如此，到底是什麼樣的要素，才能讓具有犯罪企圖的人打消念頭呢？

在實際與非常多犯罪者對談之後，得到了「風險與成本」這個結論。

從前的警察都有一個觀念，那就是「破案是預防犯罪的最佳手段」。只要破案率夠高，讓歹徒產生「做了壞事一定會被抓」的想法，犯罪率自然就下降。

然而，在執行上不能光靠這樣的想法，因為在「破案是預防犯罪的最佳手段」這個觀念裡，犯罪早已發生了。

既然犯罪已經發生，那就一定有受害者。我認為最佳的機制，應該是未雨綢繆，而非亡羊補牢。也就是在犯罪者實際採取行動之前，就已設法加以抑制或阻止。就像前文所說過的，抱持犯罪動機並不是什麼大問題，只要不讓這些人付諸行動就行了。

舉個例子，有一名少年坐在家裡，內心正盤算著要到附近的便利商店偷東西。在這個階段，動機就已經成形。不過，從產生動機到實際偷東西，中間還有很多判斷的過程。

例如，「要不要走出自己的房間」、「要不要穿上鞋子走出家門」等，在付諸行動的過程中，少年的內心會不斷作出「YES／NO」的抉擇。事實上，每個人在做任何事情時，都會有這樣的掙扎，只是我們自己不會意識到。

少年如果在心裡不斷選擇「YES」，就會一步步走向便利商店，這樣距離偷東西的實際行動也會越來越近。但在下手的前一刻，假設有人突然對少年說了一句「你好」，少年有很大的機率可能會中止行動，也就是在心中突然做出了「NO」的決定。

其理由很簡單，因為在犯案的前一刻被認識的人看見，犯案後遭到逮捕的風險就會提高。此時，少年會告訴自己：「既然被看見了，這次就算了吧！」打招呼的那個人，或許只是對著住在附近的少年打了聲招呼，沒有什麼特別的意思。但對抱持犯罪動機的人來說，這件事卻具有極爲重大的意義；少年很有可能會打消犯罪念頭，隨便在便利商店裡買個東西就回家了。

這個例子的核心概念，正是「風險與成本」。

只要社區內的街坊鄰居互相多打招呼，就能讓很多抱持犯罪動機的人，產生「可能會被抓」的危機意識，因而回心轉意。

原理很簡單，就是犯罪的風險提高了。同樣道理，只要我們的街道乾淨明亮，歹徒就會擔心自己做了壞事會特別醒目，這也是一種「風險」的提升。

另一方面，如果抱持犯罪動機的人與社區內的居民維持著良好的關係，就會形成一種「犯罪成本」。因爲一旦做出犯罪行爲，原本與社區居民的良好關係就會徹底瓦解。

居民之間的關係不用太緊密，只要平常會互相打招呼就行了。抱持犯罪動機的人會感覺每個人都在看著自己，而這與不受任何人注意的感覺截然不同。當「成本（街坊鄰居對自己的信賴）」在當事人心中的價值越高，當事人就越有可能打消做壞事的念頭。

家人是最大的犯罪成本

在正常情況下，家人才是犯罪的最大成本。犯罪者在構思犯罪計畫的過程中，若內心能夠想到「家人如果知道一定會很難過」，就有可能會打消犯罪念頭。然則這個前提是，當事人有著來自家人的深厚信賴。

例如，當事人必須獲得父母的信賴，而犯罪行爲等於是背叛了父母的信任。在這樣的狀況下，才會產生犯罪成本。不管對任何人來說，喪失家人的信賴都會是心中的巨大傷痛。

除了家人之外，當然還有朋友、親戚、學校老師，或是其他曾經幫助過自己的人，只要是當事人不想失去某段關係，或是不想讓某人難過，都算是當事人的「犯罪成本」。

除此之外，像是社會地位、工作，以及在家鄉的立足之地，也都會形成「犯罪成本」。

只要「成本」夠大，就算當事人的腦海浮現犯罪的念頭，也會立刻打消，告訴自己別胡思亂想。

相反地，如果「成本」相當小，從產生動機到付諸行動就不會有絲毫猶豫。例如，和家人感情不好、沒有朋友、過著孤獨的生活、沒有社會地位、沒有工作、對目前居住的地方沒有絲毫眷戀……像這樣的人一旦產生犯罪動機，就很難回心轉意。要加以阻止，就只能仰賴「被抓到就得接受法律制裁」的風險。

然而，有些犯罪者沒有任何的「犯罪成本」，也不在乎任何風險，這種人就是所謂的「無敵之人」。他們沒有任何可以失去的東西，也完全不怕遭到逮捕。

例如，我在前文第165頁提到的「擴大性自殺」，正是這種人可能會做出的行徑。他們或許打從一開始就有尋死的念頭，所以在做出犯罪行為時絲毫不猶豫，像是在路上隨機傷人，把事情鬧大，等到多人受害之後再自殺。此外，也有一些人是因為沒有自殺的勇氣，才想要靠殺人來讓自己被判死刑。

二〇二二年七月八日，發生了前首相安倍晉三遭槍擊身亡的事件。雖然現階段我還沒有辦法詳細分析凶手的動機及事件的來龍去脈，但凶手應該是個「無敵之人」。正因為無敵，所以完全不會在乎這起事件的嚴重性。

當然「無敵之人」在社會上並不多見，就算是在犯罪者中，所占的比例也是相當小。但令人擔心的是，這種人近年來有增多的趨勢。

因此，我迫切希望能夠建立一個「家人、親友及生活周遭所有人，都能成為每個人的成本」的社會，這不僅能夠降低少年的非行及犯罪，還可以成為一種正向的成本，形成孩子們在成長過程中，努力用功唸書及追求興趣的原動力。

孩子會為了「讓周遭的人開心」，而變得更加上進。

就算在競爭中輸了，也不會完蛋

從前述的東大校門前的傷害事件，可以看出升學考試帶給許多孩子非常大的競爭壓力。

近年來，有越來越多的孩子報考實施入學考的國中，而且孩童上補習班的年紀也有逐年降低的趨勢，甚至還出現了不少以國中入學考爲主題的小說及電視劇。從那些作品之中，可以清楚看見父母心中的期待與糾葛，以及肩負父母期待的孩子們所面臨的困境。

除了孩子準備考試必須上補習班之外，也因爲少子化的關係，父母花在每一個孩子身上的平均教育費用也增加了。再加上我們處在一個日新月異的時代，沒有人能預測未來的社會將會是什麼樣子，所以大多數的父母都會希望「盡可能給孩子多一點資源」。

然而，父母對孩子投注太大的期待，會讓孩子承受強大的精神壓力，這絕對不是一件好事。

就算撇開升學考不談，學校的教育模式也同樣充滿了競爭現象。事實上，競爭並非是不好的，孩子想要在競爭中獲勝，才會產生更強烈的上進心。

以「公布名次」的方式來鼓勵孩子互相競爭，也沒什麼不對。不過，不管競爭到最後誰輸誰贏，每個孩子的存在本身都應該受到尊重，這樣的價值觀才是真正應該在意的重點。

這與前一章談到的「自我肯定感」，有著相當大的關聯性。不管升學考有沒有通過，都不應該影響孩子本身的存在價值，這是讓孩子互相競爭的最大前提。

競爭不過是讓孩子朝著目標努力的一種機制，就算孩子在競爭中敗北，也不代表人生會就此「完蛋」。

以大學入學考爲例，雖然能夠考上東大醫學系的人相當少，但每個人只要報考，就有機會考上。正因爲有機會考上，每個考生都會非常用功唸書。最後就算沒有考上，過去的努力也不會毫無價值，當然更不會損及個人的存在價值。

「競爭」或是「考試」並沒有不好，孩子會承受強大的精神壓力，主要是因為他們認為「輸了就完蛋了」。父母在對孩子抱持期待的同時，一定要全力排除放在孩子內心裡的這種想法。

越被要求唸書，就越不想唸書的「回彈效應」

在前面的案例中，父母對浩二抱持著期待，一天到晚要求他「好好用功唸書」，而且這樣的期待確實在初期發揮了一定程度的效果。

然而，這也有可能造成反效果，在心理學上稱作「回彈效應（boomerang effect）」，意指當我們想要說服一個人做某件事的時候，越是費盡唇舌，就越容易造成對方的反感，而導致對方做出相反舉動的現象。

這個道理其實很簡單，當行動受到限制時，自然會想要反抗，這是人之常情。每個人都有著追求自由的本性，只是有時候不見得自己會意識到。而當我們感覺自由受到侵犯時，就會自然產生對抗的心態。

我相信很多讀者小時候應該都有過，「被父母要求唸書之後，反而不想唸書了」的經驗吧？當商店老闆大聲說出「不買是你的損失」時，顧客反而更不想買了。當候選人在街頭大喊「懇請賜票」時，路人心裡想著「絕對不會投給你」。

像這樣的心理現象，都可以用「回彈效應」來解釋。

在兩種情況下，特別容易發生「回彈效應」。

第一種情況，是說服者的立場與自己相同。或許很多人會覺得應該是立場不同比較容易產生反彈，但事實剛好相反；最容易產生反彈的，是「自己本來就想這麼做」的時候。例如，自己本來就想要唸書，這時如果聽見父母要求「趕快去唸書」，反而會變得不想唸了。

在本章的例子中，浩二本來就是個擅長唸書的孩子，他應該很清楚讀書所能帶來的樂趣及喜悅。但當他原本就想要唸書時，聽見父母說「快去唸書」，自然產生出反抗的心態。

還有另一種情況，也容易發生「回彈效應」，那就是「不信任說服者」的時候。任何人突然遇上陌生人跑來說服自己，都會產生反抗心態。

雖然認識但不抱持信任感，也是相同的情況。如果對方是自己非常信任的人，不管被要求做什麼事，都不會產生「被強迫」、「自由遭侵犯」的感覺。

浩二的母親若懂得與浩二建立起鞏固的信賴關係，相信就不會引發悲劇了。只要信賴關係夠穩固，就算母親要求浩二「好好唸書」，浩二應該也不會產生那麼強烈的不滿情緒。可惜浩二的母親把全部的心思都放在自己的工作上，完全沒有想過要與浩二好好溝通，只是單方面要求浩二「好好唸書」。更何況，浩二每天目睹哥哥過著自由自在的生活，當然更容易萌生出「爲什麼只有我的自由被剝奪」的不滿。

另一方面，浩二若能夠在父母的面前，大膽表現出「我就是不唸書」的態度，或許情況還不會那麼糟。偏偏浩二不敢反抗，即使心中抱持著強烈的不滿，還是每天用功唸書，最後心中的不滿終於爆發了出來。

擁有讀書以外的話題

天下的父母都會擔心孩子的課業，但親子之間若缺乏課業以外的話題，那是非常危險的一件事。

很多時候，孩子只會和父母談課業的事，其實是因爲受到父母心態的影響，而刻意排擠了課業以外的話題，才會造成這種現象。

孩子懂得看父母的臉色挑選話題。

照理來說，孩子感興趣的事物絕對不會只有課業而已，關於朋友、運動、個人興趣，甚至是電動遊戲、電視節目或是YouTube，應該都可以輕易找到各種話題才對。

可惜有些父母只會在孩子提到「考試拿到好成績」或「課堂上有好表現」的時候，才認眞聆聽。當孩子談到自己的朋友或興趣時，父母往往會露出興致缺缺的表情，嘴上隨口敷衍，甚至還把話題拉回到考試及課業上。這樣的狀況持續許多次之後，孩子當然不會再和父母聊課業以外的事情。

當孩子發現父母只願意聊課業之後，剛開始還會努力唸書，勉強自己去迎合父母。在成績還能維持優秀的時期，這個狀態並不會有什麼大問題，但在多數的情況下，孩子的課業遲早會遇上瓶頸。

以浩二爲例，當他在成績變差之後，只好想盡辦法對父母隱瞞這個事實。爲了獲得父母的肯定，即使說謊也在所不惜。對這個時期的浩二來說，唸書早已不是一件快樂的事。

當然在準備大考的期間，課業會成爲孩子的生活重心，但如果親子之間除了課業以外就沒有其他話題，孩子肯定會被壓得喘不過氣來。父母如果能與孩子聊各種不同的話題，孩子就能有喘口氣的機會，唸起書來反而會更有幹勁。

父母要有一個認知，課業及成績只不過是無數話題的其中之一而已。

課業遇上瓶頸，就回歸「小階段學習」的原則

讓孩子用功唸書，總比放牛吃草要好得多。讀書本來就應該是一件開心的事，能夠拓展視野，讓我們獲得原本不知道的知識。

要能夠看得懂全世界的新聞，前提是必須擁有足夠的知識。學得越多，對各式各樣的資訊就越能深入解讀，並且運用在自己的人生之中。

換句話說，學識涵養能夠讓我們的人生變得更加多采多姿。

父母如果希望孩子「好好用功唸書」，不應該只是提出要求，而是應該要讓孩子知道讀書的樂趣。

然而另一方面，孩子在學習的過程中，總是會遇到覺得無趣的單元或科目。在眞正感受樂趣之前，會有一些需要先理解的預備知識，或是必須先做的練習。想必有很多孩子會在這個階段，出現「學這個要做什麼」、「眞的很沒意思」之類的抱怨。

相信許多父母在國中時，都曾以「建立好的國家（一一九二）＊」來記鎌倉

＊註：日語中「「建立好的國家」與「一一九二」發音相近，日本學生都以這種方式來幫助記憶。

幕府的成立年代，但應該也有不少人對這樣的歷史課程抱持疑問，不明白「爲什麼要記住這種八百年前發生的事情」。

然而，如今我們的生活是經過漫長歷史所累積而成，想要明白現在的人類社會，就必須先理解過去的人類歷史。

可惜大多數的學生都得等到成年之後，才明白這個道理。

父母如果只是不管三七二十一地要求孩子「好好用功唸書」，反而會讓孩子更加討厭唸書。

而且在學習過程中，孩子一定會有碰到瓶頸、成績不盡理想的時候。當遇到這樣的情況時，建議可以依照第118頁說過的「小階段學習」的原則，將課題切割成好幾個部分，再把目標細分化，逐一達成每一個小目標，最終就能達成原本的大目標。

舉例來說，假設有個孩子很不擅長寫作文，而父母的目標是要讓孩子習得以4百字稿紙寫出一篇連貫的文章。

這時，父母可以根據「小階段學習」的原則，試著將目標切割成，以下這幾個小目標：

1. 理解稿紙的寫作方式。
2. 把記憶中暑假期間發生的事情，寫在便條紙上。
3. 針對每一件發生的事情寫出事實（什麼時候、在什麼地方、和誰、做了什麼）及感想。
4. 整理好內容之後，重新寫在稿紙上。

像這樣分割成幾個小目標，就可以清楚知道，首先應該做什麼事。而且還有一個好處，那就是完成每一個小目標，都能獲得成就感。

在孩子的學習過程中，累積小小的成功經驗可說是非常重要。當孩子認爲「我做到了」，就會感覺學習變得有趣。

採用這個方法，父母也會自然而然把重點放在過程，而非只在乎結果。「我們先試試看這個階段就好。」只要孩子願意嘗試，就應該給予讚美。當學習的過程被稱讚了，孩子自然也會產生「想要再加把勁」的動力。

第6章

「小心點」會破壞孩子的同理心

案例6

麻衣

詐騙（投資詐騙）——假借投資的名義，向多名年長者施行詐騙，不法所得約5百萬圓。

• • •

在麻衣小時候，父母親開了一家餐廳。由於餐廳規模很小，並沒有雇用外人來當員工，但很受當地人喜愛。

由於麻衣的父母相當忙碌，平日都是請奶奶和代來照顧麻衣。和代曾經當過公立小學的校長，爲了教育這個唯一的孫女，可說是投注了全部的心力。而麻衣父親非常尊敬當過校長的母親，在孩子的教育方面完全不曾干預。

至於麻衣母親，則是在婆婆和代的面前感到相當自卑。因爲母親的學歷只有高中畢業，但婆婆和代不僅當過校長，而且退休後還擔任社區內的民生委員，在地方上有相當高的名望。

和代雖然十分疼愛麻衣，但也有著愛操心的性格，日常生活中會一再提醒麻衣「不能做危險的事」、「做什麼事都要小心點」。

例如，麻衣看許多年紀相仿的孩子都在玩盪鞦韆，也很想要加入一起玩，奶奶和代卻拒絕她。

「奶奶從前待的那間學校，曾經有個學生被鞦韆的鏈條夾到手指，受了很重的傷。鞦韆這個東西實在很危險，我們還是別玩吧！」

又例如，奶奶牽著麻衣走在河堤上，麻衣想要到河堤下的岸邊摘花，奶奶還是拒絕她。

「從前有孩子在走下河堤時，不小心摔進河裡，就這麼溺死了。我們還是別下去吧！」

由於麻衣年紀還小，對於奶奶所說的話，沒有絲毫懷疑。

後來麻衣升上了國小高年級，同學們在放假的日子都會相約出來玩，麻衣也很想要參與。

「同學們說要去購物中心，我也想一起去，可以嗎？」

「妳要是去了，奶奶可能會擔心到昏倒。妳要是不在乎的話，就去吧！」

麻衣沒想到奶奶會說出這樣的威脅話語，不得已只好放棄出去玩的念頭。

類似的事情發生了很多次，麻衣在班上漸漸遭到孤立。

上了國中的麻衣，生活除了學校的課業之外，還多了補習班及社團活動，也讓她有機會躲開奶奶的監視。她在家裡依然裝出一副乖孩子的模樣，在外面卻偷偷和一些不良少年、少女往來。

上了高中，麻衣變得喜歡追趕流行，還當起少女時裝雜誌的讀者模特兒。她幾乎把所有的錢都花在購買漂亮的服裝及飾品，零用錢總是一拿到手就花光。

上大學之後，麻衣開始打工，由於花錢如流水的關係，打工的收入根本不夠用，於是打起了父母經營的餐廳的主意。她覺得稍微從櫃檯偷走一點錢，父母並不會發現，所以連續偷了好幾次。

不過，以這種手法偷錢，金額畢竟很有限，她便改偷奶奶和代平常放在衣櫥裡的儲蓄金。麻衣認爲自己從小就被奶奶限制自由，拿一點錢只是作爲補償而已，並不認爲自己是在做壞事。

逐漸變得貪得無厭的麻衣，無意間看見詐騙案的新聞報導，決定照著做，她鎖定一些到家裡餐廳用餐的高齡人士。

「我們這家店打算在三年後重新整修成大規模的餐廳，你如果現在出錢投資，將來就可以分到很多的利潤。但這件事是祕密，請不要告訴別人。」

由於奶奶和代在地方上頗有名望，麻衣在詐騙時會把奶奶的名字搬出來，並向受害者聲稱：「這件事是我奶奶在主導。」

就這樣，麻衣前前後後得手了約5百萬圓，當然沒有把利潤分給受害人，不久之後就遭到警方逮捕。

無法體會他人心情的悲劇

「我不認為自己做的是什麼天大的壞事，是那些老人太過貪婪，才會輕易就受騙上當，怎麼能怪我？」

我在少年鑑別所與麻衣對談時，她是這麼說的。

那時候的麻衣完全沒有反省的意思，原因就在於過度缺乏同理心，對受害者的心情無法感同身受。

後來她被送進少年院，經過幾次的對談及院內更生計畫的薰陶，才逐漸明白自己的過錯。

「原來那些老人家開心的是，我願意向他們分享祕密，沒想到，我卻背叛了他們……」

麻衣花了非常久的時間，才終於稍微能夠體會受害者的心情。

麻衣的問題，就在於她與同年齡層的孩子們相處的經驗嚴重不足。她的奶奶是個非常愛操心的人，所以在每件事情上都對她照顧得無微不至，完全不讓她有失敗的機會。不僅如此，還不讓她獨自出門與同儕的孩子們一起遊玩。這種過度保護及過度干涉的教育方式，會讓孩子失去培養同理心的機會。

所謂的同理心，是指理解他人的心情，並對他人的心情感同身受。

一個人要具備同理心，有兩個條件——

第一個條件是「能夠正確認知他人的心情」。眼前的人是正在生氣，還是正在悲傷哭泣？諸如此類，必須要有能力根據對方的表情及言行舉止，正確認知對方的心情。

第二個條件則是「能夠正確推測他人的心情」。例如，對方即使臉上帶著笑容，但內心其實很難過；或是雖然看起來很冷靜，卻是非常生氣。總而言之，就是必須依據自己的認知，延伸推測出對方的心情。

一個人必須同時具備這兩個條件，才能對他人發揮同理心。

要培養出同理心，只能透過與他人的實際溝通與交流。例如，因他人的一句無心之語而受傷，或是和朋友吵架之後又和好。

人際關係上的種種失敗經驗，都能提升一個人的同理心。

一般正常的人，孩提時期都會歷經許多次同儕之間的小小風波，以藉此提升同理心，明白自己的言行會對他人造成什麼樣的影響。

麻衣小時候幾乎沒有過這方面的經驗。

進入青春期之後，麻衣明顯感覺到自己在班上變得孤獨。因爲就連跟班上的同學，她都沒辦法好好溝通。和同學聊天時，麻衣總是自顧自地說著自己的事，或是不小心說出不該說的話，導致對方受到傷害。麻衣也很想跟同學當好朋友，卻不知道該怎麼做。

而這樣的孤獨感，讓她忍不住憎恨起自己的奶奶。

「這全都要怪奶奶！從小到大，不管我說要做什麼，奶奶都不答應，我才會變成這樣。」

不僅如此，麻衣對父母也懷抱敵意。因爲當自己遭奶奶過度束縛時，父母完全沒有伸出援手。

麻衣從餐廳的櫃檯偷錢，以及偷拿奶奶放在衣櫥裡的錢，都只覺得「這是我應得的賠償」。在不斷從家裡偷錢的過程中，麻衣的罪惡感變得越來越淡，最後終於打起了詐騙的主意。

像麻衣這樣犯了竊盜罪、詐欺罪的非行少年及犯罪者，大多有著缺乏同理心的傾向。他們通常會主張「那些人被騙是他們自己不好」，從來不曾認真思考過受害者的心情。

然而，騙人的一方肯定要負百分之百的責任，這是毋庸置疑的事。就算受害者真的是因貪婪才受騙，那也不代表拐騙他們的錢財是合理的行爲。或許詐騙的一方會主張「受騙的一方也有錯」，但這種謬論在社會上是絕對行不通的。

「我並沒有錯」是將自己的行為合理化的心態

「會被騙是那些人自己不好，誰叫他們太貪心。」

詐騙加害者會說出這種謬論的心態，在心理學上被稱作「合理化（rationalization）」，意指當一個人處在「挫折（frustration）」或內心存在矛盾的狀態下，心靈爲了自我保護，就會啓動這樣的防衛機制。

詐騙案的加害者其實心裡很清楚，騙取他人的錢財是不對的。**正因為他們的心中抱持著罪惡感，為了自我保護，才會將自己的行為合理化。**

絕大部分的非行少年及犯罪者，都會有合理化的傾向。他們通常會脫口而出：「因爲○○理由，我只好這麼做。」這樣的話，多數人聽到了都會大喊「別找藉口」。

其實他們說的這些話，並非一般人的刻板印象裡「說給別人聽」的藉口。而是在爲自身找理由，好讓自己的心靈維持在平靜狀態，所以對著他們大喊「別找藉口」並沒有任何意義。

因此，當遇到這種情況時，我會先表達出認同之意。例如，我會告訴他們：「原來你是因爲這些理由，所以逼不得已只好那麼做。」

當然「逼不得已」不能是最後的結論，一旦做出這種結論，非行少年就不會深刻內省，也沒辦法走上更生之路。只是我們要瞭解，他們需要先藉由合理化來保護自己，才有能力繼續往前邁進。

協助非行少年更生的大人們，第一步要先接納他們的說詞。在這樣的前提下，非行少年才有能力慢慢體會受害者的心情，以及自己犯下的過錯。

同樣的道理，想要矯正一個做錯事的孩子，父母首先得聽聽他的說詞。孩子為自己的行為找藉口，往往是為了讓自己的心情恢復平靜。唯有允許孩子的合理化心態，才能守護孩子的心靈。

當孩子在不斷說出藉口的過程中，會自己感受到矛盾，而這一點相當重要。孩子必須先察覺自己的問題，才能夠朝著更生邁進。

換句話說，儘管我們都知道「詐騙加害者要負百分之百的責任」，在面對非行少年時，還是要先接納他們口中所說的「被騙的人也有錯」的說法。

值得一提的是，有些人會在對談時說了一堆歪理，但看起來又不像是以自我保護爲目的的「合理化」，這時就要懷疑對方可能具有「冷情性」的人格。

一個具有冷情性人格的人，通常極端缺乏同理心，而且欠缺正常人的溫暖感情。這種人可能會毫不猶豫地背叛對自己有恩的人，竊取或騙取其財物。

當然這種人在現實生活中相當罕見，並不需要特別擔心。不過，如果發現生活周遭有人能夠蠻不在乎地多次背叛他人，就要格外提高警覺，因爲他很可能是個具有冷情性人格。

同理心與道德性

同理心與道德性有著非常密切的關係。

「道德性」是一種追求更好的生活品質的社會性能力。那是一種兼具判斷與行動的能力，能夠讓每個人依循社會上大多數人所共有的價值觀和規範，建立起健全且舒適的共同生活。

不僅所有的學校都將道德教育納入課程之中，家庭內的道德教育當然也不能馬虎。

舉例來說，「排隊」能夠讓每個人的生活更加舒適自在，但孩子並非打從一出生就知道要遵守這個社會規範。年紀很小的幼童沒有排隊的觀念，可能會做出插隊的行爲，甚至是把其他孩子正在玩的玩具搶走。正因爲他們還沒有辦法區分自己的意識及他人的意識，會做出這種事也是情有可原。

而父母的職責，就是讓孩子知道「排隊的重要性」，教導孩子「排隊的規則」，讓孩子在社會上能夠生活得更加舒適自在。

當然，孩子一開始會乖乖排隊只是因爲「大人叫我這麼做」，那並沒有什麼關係。第一步就是要讓孩子記住及遵守規則，避免生活上不必要的爭端。

當孩子漸漸長大之後，就必須要能夠根據「同理心」做出正確的判斷。

「如果我不排隊，其他正在排隊的人會有什麼感覺？」

當孩子能夠這麼思考時，就代表可以用自己的意志做出正確的判斷。

教導孩子社會規範是非常重要的大前提，但光是明白並沒有辦法形成足夠的約束力。

每個孩子都知道「不能偷別人的東西」、「不能說謊」，但還是有孩子會做出這種事，那正是因爲道德判斷能力太低、同理心太薄弱的關係。

為什麼不能對孩子說「小心點」？

麻衣的奶奶非常疼愛孫女，極度不希望她吃苦或難過，因此不管什麼事情都會先提醒麻衣「小心點」。奶奶這麼做，當然都是爲了孫女好。

不過，奶奶顯然做得過了頭，形成了過度保護、過度干涉的狀態。如果麻衣的父母能夠適時建議奶奶不要那麼極端，相信問題不至於那麼嚴重，可惜麻衣的父母什麼也沒有做。

這導致了麻衣自行察覺危機的判斷能力非常低，生活中很可能會做出危險的舉動。不僅如此，麻衣的同理心也十分薄弱，完全沒有辦法理解他人的心情。

父母如果一天到晚告訴孩子「小心點」，甚至什麼都不讓孩子去嘗試，孩子就會喪失獲取經驗的機會。

不同的經驗，帶來的效果也不相同。有些經驗能夠帶來非常正面積極的心情，有些則非常消極而負面。當孩子遭遇失敗或挫折時，心情一定會很沮喪，這是很正常的現象，但就算是這種負面的經驗，也能成為成長的養分。

舉個例子，孩子受邀參加一場萬聖節活動，一到會場，發現其他孩子都裝扮得稀奇古怪，只有自己穿著平常的衣服。這時孩子一定會覺得很丟臉，但同時也會學習到「下次參加這種活動，一定要先問清楚當天應該穿什麼樣的服裝」。不僅如此，孩子同時也會明白如果自己是主辦者，一定要事先把服裝的事告訴每個參加者，免得讓他們丟臉。

這種小小的失敗，不至於對孩子造成嚴重打擊。但如果父母一開始就提醒孩子每一個細節，甚至是阻止孩子參加類似的活動，孩子就永遠沒有辦法獲得這方面的經驗。

另一方面，若是具有危險性的事情，父母當然要事先提醒孩子。例如，孩子想要爬下陡峻的河岸的話，父母絕對不能答應，因爲摔下去可能會丟掉性命。身爲家長一定要事先判斷出事情的危險程度，只要是攸關性命安全，絕對沒有通融的空間。至於沒有性命安全的事情，則必須先想好可以通融的底線。

天下父母心，父母總是忍不住想要提醒孩子避免失敗，這是人之常情。只不過，畢竟父母不可能永遠陪伴在孩子的身邊。若是時時刻刻都在爲孩子未雨綢繆，孩子將永遠無法學會自行判斷的能力。

真正愛孩子的父母，應該適度讓孩子嚐到失敗的滋味。尤其是人際關係上的失敗，有助於培養孩子的同理心。

例如，不小心將朋友再三提醒「不能告訴別人」的祕密說了出去；或是朋友在自己心情不好時惡作劇，一氣之下對朋友說出了很過分的話。像這樣的失敗，都能夠讓孩子有所學習的寶貴經驗。

當孩子在說出「○○真的很任性，所以我忍不住罵了他」之類的告白時，父母千萬不能打從一開始就否定孩子的想法。可以用「原來是這樣」之類的話來回應，讓孩子盡情說下去。孩子說到後來，可能會自己說出「不過，我那樣說確實有點太過分，他應該很難過，明天還是去跟他道歉好了」。

如果發現孩子一直沒有內省的跡象，可以使用「○○聽了不知道有什麼感覺」之類的說法來誘導孩子。

重點在於，父母不要先說出自己的想法，應該讓孩子自行思考。

孩提時期的經驗，會對我們整個人生有著長期且深遠的影響。以前心理學界所定義的「發展心理學（Developmental psychology）」，研究的對象僅限幼童時期到青年時期。而現在的心理學界，將這門學問改稱作「生涯發展心理學」，研究的對象也變成從生涯發展的觀點來研究人的一生。

如今我們的社會正逐漸邁入高齡化，一個人在成年之後會採取什麼樣的行動，以及過著什麼樣的人生，可說是非常重要的研究主題。

學習不會因年齡而中斷，上了年紀之後，我們還是可以持續學習。雖然體力可能會變差，但心理狀態還是可以持續發展。

不過，成年之後的發展，必定還是以孩提時期的經驗為基礎。

身爲父母一定要瞭解，孩子小時候的經驗，除了會決定日後能不能成爲獨當一面的大人，還會對孩子的整個人生造成相當大的影響。

應該誘導孩子「內省」，而不是「反省」

當孩子的同理心太薄弱，想法太自我中心時，就很難自發性地深度內省。

「內省」與「反省」雖然有點像，卻是完全不同的概念。

所謂的「內省」，指的是誠實面對自己的內心，對自己的言行舉止及價值觀進行客觀的回顧及分析，從中獲得有益的啓發。

相較之下，「反省」則是重新回顧自己的言行舉止及價值觀，並找出不好的部分加以改進。

每當孩子做錯事時，大人總是說：「你要好好反省。」可惜這句話通常不會有任何效果。

「對不起，我知道錯了，我以後不會再這麼做了！」

即使孩子嘴上這麼說，心裡可能正在對你吐舌頭。這也意味著，孩子並沒有誠實面對自己的內心，只是被迫說出反省的話語。

我接觸過的非行少年，每個都很會表現出反省的樣子。這對他們來說，就像吃稀飯一樣容易，不僅擅長擺出深刻反省的表情，還能夠把反省的詞句說得像念經一樣流暢，讓人不禁佩服。然而，就算他們演得再像，那也沒有任何意義。

一開始，他們一定是想辦法找些理由，爲自己脫罪。

「因爲〇〇原因，我只好做出那種事。」

他們的藉口通常會引來大人們「好好反省，不要再找藉口」之類的責備。有了幾次這樣的經驗之後，他們就不會再找藉口了。

「對不起，都怪我不好，闖出這麼大的禍。以後我一定會洗心革面，好好重新做人。」

接著，他們會像這樣表現出反省的樣子。但其實根本沒有眞正內省，所以未來還是會做出同樣的事。

事實上，大人口中的「你要好好反省」，容易造成他們情緒上的壓抑。如果大人沒有給孩子表達不滿的機會，只是單方面地要求孩子反省，不滿的情緒就會逐漸累積，最後一口氣爆發出來。

我必須再次強調，重要的不是反省，而是內省。

不擅長回顧自己的言行舉止及價值觀的孩子，大人可以試著用「你為什麼會做出這種事」、「當時你心裡是怎麼想的」之類的問題，誘導孩子進行內省。

不要主動告訴孩子「你這個地方做錯了」，或是「你做了這種事，人家當然會生氣」，應該要讓孩子自己察覺。

「角色書信療法」能夠讓孩子認真面對自己的心情

有一套「誘導孩子進行內省」的有效方法，稱作「角色書信療法（Role Lettering）」。它跟第89頁提到的「內觀療法」，都是少年院及監獄的更生計畫中經常使用的心理學技法。

其做法非常簡單，不需要特別準備什麼，只要有紙及鉛筆就行了。由於在家中也可以輕易實施，以下稍作介紹——

「角色書信療法」的概念，源自於角色扮演，執行者必須扮演某些角色，同時讓角色之間交換書信。具體的做法，是先由自己寫信給特定人士，接著再由自己扮演該特定人士，寫一封回信給自己。

整個過程當然都是由同一個人執行，寫好了信不用眞的寄出，甚至不必拿給對方看，所以執行者可以放心寫下心裡所有想講的話。

這個療法的目的，是藉由同時扮演自己及對方，實際感受雙方的立場，誘使執行者坦率面對自己的心情，進而從中察覺自己的問題。

寫信的對象，通常是與執行者的人格形成有著深厚關聯的人物，也就是父母、祖父母、兄弟姊妹、老師等。如果非行行爲有受害者的話，有時也會以受害者爲對象。

接下來，我們就來看看具體的書信內容。不過，站在保護隱私的觀點，我不能公布眞實的書信，以下的內容是實際書信所寫出的虛構文章，但整體而言，這些內容非常貼近眞實。

以下「角色書信療法」的執行者，是因吸毒而進入少年院的N少年，首先是N少年寫給母親的一封信。

【書信① 由自己寫給母親】

> 媽媽，對不起，這次我做了很壞的事。

我明明已經答應媽媽不再做壞事，卻背叛了媽媽。
從小到大，我一直希望不要給媽媽添麻煩，沒想到這次竟然因為這種事而進了少年院。
我當然知道不應該吸毒，但我無法控制自己。
當我感覺活著很煩的時候，只能靠吸毒來逃避。
為什麼我會這麼懦弱？
真的很討厭這樣的自己。
媽媽，妳也跟我一樣吧？對妳來說，照顧我應該是一件麻煩事。
對不起！我向媽媽發誓，這輩子絕對不會再碰毒品了。
〇〇（弟弟）最近好嗎？他知道我進了少年院嗎？
請不要告訴他，他絕對不會喜歡一個進了少年院的哥哥。
像我這樣的孩子，就算被所有人放棄，也是罪有應得。
媽媽，我很希望妳來探望我。
我想當面向媽媽道歉。

由非行少年所寫的「角色書信療法」的書信，我讀過的數量多到數不清，像這樣第一句話就對父母道歉的例子，可說是相當多。

這些信並不會實際交到父母的手上，因此少年並沒有必要裝出反省的樣子。他們會寫出這種話，相信是眞心認爲「給父母添了麻煩」。

除此之外，信中也不難發現一些合理化的詞句，這些詞句的結構基本上是「其實我很想要〇〇，但因為〇〇理由，所以我做不到」。

接著，少年必須站在母親的立場，回一封信給自己。

【書信② 由母親寫給自己】

我讀了你的信。

你真的理解你做的壞事有多麼嚴重嗎？

你在信中說你背叛了我，但我不明白事情為什麼會變成這樣？

你第一次被逮捕時，不是曾經哭著對我說，不會再做壞事了嗎？

為什麼現在又做了這種事？

這次的事情，讓我體會到自己教育孩子有多麼失敗。

從今以後，我們不再是母子，我們的人生沒有任何瓜葛，我已經不想再管你的事情了。

靠吸毒逃避？

我不知道原來我養出了一個這麼沒用的孩子。

你就在少年院裡好好學習重新做人吧！

我不會去探望你，因為我不想看見你的臉。

在這封信裡，可以感受到母親對兒子的口氣非常嚴峻，當然這些話都是兒子自己寫出來的。

第一次實施「角色書信療法」的時候，大多數少年都會寫出像這樣帶有強烈敵意的信。然而，在持續實施書信交換的過程中，情況會出現一些變化。

透過寫信的方式，少年會逐漸變得能夠客觀審視自己和對方的狀況，也會開始發現自己的不足之處，以及需要改進的點，甚至會明白如何與抱持敵意的對方互相磨合。

這麼一來，雙方在書信中的關係也會慢慢變好。

【書信③ 由自己寫給母親】

媽媽，謝謝妳的回信。

妳會這麼生氣，是理所當然的。

我自己也不明白，為什麼會變得這麼沒用？

嘴上說靠吸毒來逃避煩惱，其實我知道自己真正在逃避的是人生。

不管是課業還是社團活動，我全都是半吊子，沒有任何成就。

我真的感覺自己很窩囊，每天都活在沮喪之中，一點也不快樂。

但是媽媽經常安慰我。

妳雖然每天工作相當忙碌，還是常常關心我的近況，問我是不是遇上了什麼不開心的事。

媽媽對我這麼好，我卻背叛了媽媽。

有時真的覺得自己沒有資格活下去。

在少年院裡，我有非常多的時間能夠重新審視自己，也發現了自己的很多缺點。

我不擅長表達自己的想法，不管做什麼事情都三分鐘熱度，而且我很愛撒謊。

〇〇（弟弟）不管做什麼都很拿手，跟他比起來，我太沒用了。

我找不到自己的優點。

為什麼會變成這樣？

我會好好思考這個問題。

【書信④ 由母親寫給自己】

你最大的優點，是有一顆溫柔的心。

不過，你的背叛行為，絕對不值得原諒。

雖然我還是不打算見你，但我認為你應該要更珍惜自己。

打從你小時候起，每次看你露出不開心的表情，我都會問你：「怎麼了？」你總是回答：「沒什麼。」

我想你一定是因為不想讓我擔心，才不肯回答我的問題吧？

你知道我平常要工作，又要照顧病人，生活非常忙碌，所以才什麼都不敢告訴我。

你找不到人訴苦，不知不覺累積了非常多的煩惱。

我一直沒有察覺到你的狀況，這一點真的覺得對你很抱歉。

我因為太忙的關係，根本沒有多餘的心思好好關心你。所以每次聽你說：「沒什麼。」就沒有再問下去了。

然而，這並不表示你可以靠吸毒來逃避。

既然有很多自我省思的時間，就應該想辦法揮別過去。

如果你真的有心要改變的話，我可以幫忙你。

請你再寫信告訴我，你打算如何改變，以及有沒有做到。

透過這樣的「角色書信療法」，N少年終於能夠深入思考母親的心情。他發現了自己具有讓母親能夠認同的優點，同時也感受到母親內心的痛苦。不僅如此，他也開始能夠思考如何走出自己的未來。

只要將「角色書信療法」與「內觀療法」兩者合併進行，就能讓非行少年們做到更深度的內省。

本章案例中的麻衣，剛開始的想法也是十分自我中心，但她在少年院裡透過內觀療法及角色書信療法，發現了許多關於自己的問題。

例如，對於奶奶，麻衣除了抱持著「希望多給自己一些自由」、「希望多相信自己一點」等認知之外，也開始察覺到奶奶其實一直肩負著「一定要好好教育孫女」的壓力。她因而感到相當後悔，覺得自己以前應該多說一些讓奶奶能夠放心的話才對。就像這樣，麻衣找到與奶奶磨合的方式。

建議正在閱讀本書的你，實際體驗看看「角色書信療法」。寫信的對象可以是父母、兄弟姊妹、孩子之類的家人，當然也可以是職場的同事。

如果想讓孩子嘗試這個療法，要特別注意，這麼做的目的並不是讓孩子反省，而是內省。

此外，父母雖然可以看孩子寫的信，請千萬不能告訴孩子應該怎麼寫。父母若是抱持著讓孩子寫悔過書的心態，這個療法就沒有辦法收到成效。

原則上，這應該是一封「不必眞的拿給對方看的信」。因爲在這樣的前提下，孩子才能夠誠心寫出自己的心聲，並試著站在對方的立場，客觀地審視自己的問題。

我在大學的課堂上，讓學生們嘗試這個療法，學生們都獲得了非常多的啓發。一開始學生難免會有些不安，不知道該寫什麼才好，但實際做了之後，許多人都變得樂此不疲，他們可以明顯看到自己的變化。

乍看之下只是寫幾封信而已，卻能爲自己帶來顯著的成長。這聽起來十分不可思議，卻眞的是這個療法的效用，建議讀者在家裡也嘗試看看。

檢視自己是否「過度保護」及「過度干涉」？

在第190頁介紹的案例裡，痲衣奶奶因爲過度保護及過度干涉，剝奪了孫女的成長機會。這可說是典型的「為了孩子好，反而害了孩子」。

家長通常都會認爲自己是在做對孩子好的事情，所以很難察覺自己的教育方針所隱含的問題。尤其是經常爲孩子事情操心的父母，一定要更頻繁檢視自己的教養方針是否合宜。

在此，我重新說明過度保護、過度干涉的定義。

西蒙茲（P.M.Symonds）的四大父母類型

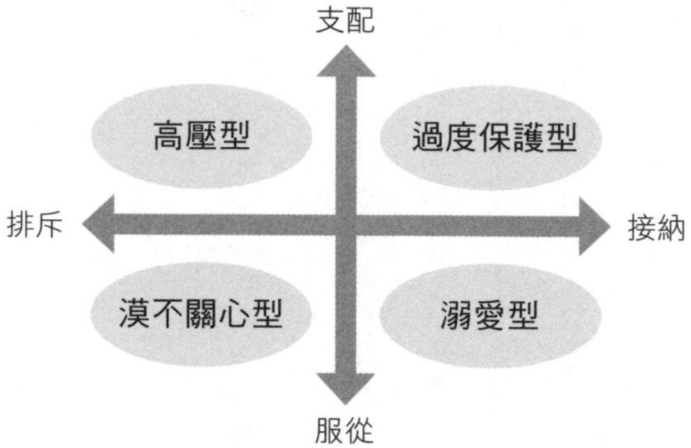

所謂的「過度保護」，是指多餘且非必要的保護。在孩子獨立之前，父母必須視孩子的成長狀況提供協助，但若是超過合理範圍地聽從孩子的要求、寵溺孩子，或是對孩子的保護心態過了頭，都可以算是「過度保護」。

「過度干涉」，則是指對孩子的事情做了超過合理範圍的干涉。例如，干涉孩子應該做什麼事，應該交什麼樣的朋友，甚至是禁止孩子與誰做朋友。

美國的心理學家西蒙茲（P.M.Symonds），將父母對孩子的教養方針分成了四大類型，分別爲「支配」、「服從」、「接納」、「排斥」。

以下稍作介紹，建議父母以此檢視一下自己的教育方針屬於何種類型。

【支配】

經常對孩子下達命令，並提出強硬要求的教養方針。優點是，能夠讓孩子比較乖；缺點是，孩子會變得不太主動做事，會養成看父母臉色的習慣。

【服從】

父母經常看孩子的臉色，不管孩子說什麼都會答應。像這樣教養出來的孩子通常有著粗魯、不受控制且暴躁的性格。

【接納】

對孩子的呵護，超過了必要程度。孩子雖然會對危險的事物採取比較謹慎的態度，但是當父母不在身邊時，就會對事物顯露好奇心。性格通常較穩重，卻不知道該如何保護自己。

【排斥】

對孩子表現出漠視、拒絕接納的教養方針。這樣教養出來的孩子，會比較神經質，且無法靜下心，有時還會爲了吸引周遭大人的目光，刻意表現出反社會的態度。

以上就是四大父母類型，但實際的狀況通常是複合型。

【支配＋接納】的過度保護型

案例中的麻衣奶奶就屬於此類，她非常願意照顧孩子，卻反而剝奪了孩子的成長機會。

【服從＋接納】的溺愛型

父母會徹底溺愛孩子，不管孩子提出什麼樣的要求都會答應。如此教養出來的孩子會變得比較自私，而且缺乏韌性。

【服從＋排斥】的漠不關心型

父母不會吝於提供給孩子物質上的需求，也會給予孩子相當大的自由空間，但父母基本上對孩子是採取不理不睬的態度。如此教養出來的孩子，警戒心會比較強，個性較神經質，而且十分怕寂寞。

【支配＋排斥】的高壓型

父母會一方面對孩子表現出排斥的態度，一方面又對孩子下達各種命令，企圖掌控孩子。如此教養出來的孩子，比較缺乏同理心，而且會採取各種逃避父母掌控的行動。

當了解自己屬於哪個類型的父母之後，建議稍微往中間的方向靠攏，以維持教育方針的平衡。例如，「支配型」的父母可以稍微偏向服從，「接納型」的父母可以稍微偏向排斥。

最理想的狀態，是維持在象限圖的中央，不要過度偏向任何方向。請務必隨時以第220頁的圖表進行自我檢視。

過度保護與自由放任

過度保護的相反狀態，是自由放任。在西蒙茲的四大父母類型中，是偏向「排斥」那一側。

名義上，父母或許會認爲這是「尊重孩子的自主權」，而且聽起來似乎是相當好的做法，但必須小心一種情況，那就是父母的責任感過於薄弱。

尊重孩子的自主權固然很好，只是得建立在孩子已具備一定程度的判斷能力上。尊重孩子的自主權，並不代表父母不用教導孩子各種道德及社會規範。自由放任的前提，是親子之間已經建立良好的信賴關係。

舉例來說，假如孩子玩遊樂設施時不排隊，還把原本正在玩的孩子推開，父母在旁邊看了也置之不理，任憑孩子亂來，這就是沒有做到身爲父母的義務。

雖然我在前文提到，父母應該讓孩子經歷挫折，不要對孩子過度保護，但這並不表示父母連基本的社會規範都不必教導孩子。

如果當孩子遭遇挫折，父母還擺出一副「這是你做出的行為，你要自己負責，我才不管你」的態度，那更是大錯特錯。

在孩子遭遇挫折之後，父母應該要積極陪伴孩子，一起思考補救辦法，還要視情況伸出援手。

近年來的非行少年，父母偏向過度保護及過度干涉的比例有增加的趨勢。不過，概觀以往的歷年狀況，父母過度漠視及放任的比例還是較高。

這種父母的最大特徵，就是不管孩子做了什麼，都會冷冷地說出「不關我的事」、「不是我的問題」之類的話。

像這樣的父母，根本沒有盡到教養孩子的職責，名義上是監護人，卻不肯負起保護孩子的責任。

另一方面，過度保護型及過度干涉型的父母，在孩子做出不當行爲時，是否眞的會盡全力背負起一切責任？事實上，倒也沒有。

這種類型的父母會一再強調自己爲了孩子費盡多少心血，總是口口聲聲地說「我這麼做是爲了孩子」，事實上到頭來，想要表達的依然是那句「不是我的問題」。

這種父母不允許孩子有任何的挫折或失敗，因爲收拾善後會很麻煩；他們也不希望孩子受傷，因爲不想被追究自己沒有盡到照顧好孩子的責任。

這樣的想法隱藏在他們的潛意識裡，可能連他們自己也沒有意識到。也正因爲有著這樣的心態，才會不斷干涉孩子的行爲。

不管是過度保護，還是自由放任，都會對孩子造成不良影響。

因此，父母應該要隨時檢視自己的教養方針，對孩子的保護及協助不僅要恰到好處，還應該配合孩子的發展狀況進行調整。

父母在遇上難題時，應該求助專家，不要自作聰明

過度保護、過度干涉孩子的父母，有時會被戲稱爲「直升機父母」。因爲他們會像直升機一樣在空中隨時待命，注視著孩子的一舉一動。只要孩子一遇到問題，就會立刻飛過去幫忙解決。

有些父母甚至會爲了幫助自己的孩子，不惜闖進校園裡，對老師提出一些自私且不合理的要求。像這樣的父母，則被戲稱爲「怪物父母」。

我自己也曾經目睹過好幾次，孩子的父母提出相當誇張的要求。例如，「我的孩子絕對不可能考不及格，這次的考試應該重新舉辦」。當然這種父母嘴上也會說「都是爲了孩子」，但我相信他們的孩子心中應該充滿了無奈吧。

誠心希望每個家長在出面爲孩子做某件事之前，先冷靜想一想：「現在眞的是適合父母出面的時機嗎？」

若父母提出的是正當的要求，當然不會有任何問題；找老師討論關於孩子的煩惱，本身也沒有什麼錯。

例如，告訴老師：「我的孩子因爲發展上的特徵，不擅長處理○○狀況，請老師在教室裡多多幫忙留意。」這絕對是合情合理的要求，因爲這是孩子無法獨力解決的問題，父母一定要設法協助。

只要孩子身邊的大人們攜手合作，相信一定能夠讓問題順利解決。

至於孩子遭霸凌時該怎麼處理，這得看情況而定，並沒有一套標準的作法。

唯一可以肯定「父母一定要做到」的事情，是好好聆聽孩子說的話。

此外，在前往學校提出抗議之前，建議先徵詢專家的意見。

父母基於保護孩子的心態，一聽見孩子遭到霸凌，通常會非常激動，立刻就想要把這件事告訴老師，甚至是找霸凌者的父母談判。

事實上，父母在情緒激動的情況下做出的事情，往往對解決問題沒有幫助，反而會讓孩子的立場變得更加尷尬。

因此，我建議父母應該要尋求專家的協助，不要馬上就想跟對方拚個你死我活。父母有許多尋求協助的管道，其中不乏能夠幫忙處理霸凌問題的官方組織，有很多父母不擅於向這些單位尋求協助，這實在很可惜。

此外，當孩子的行為出現問題，甚至是有非行的跡象，父母也可以聯繫這些組織的窗口，尋求專家的建議。

例如，全日本各都道府縣都設有「法務少年支援中心」，由少年鑑別所的專家提供相關的知識及技術，目標是減少各地區的少年非行及犯罪事件。可以透過電話諮詢的方式，也可以直接到現場詢問，而且完全免費，除此之外，也有一些單位設有E-mail窗口。另外，台灣各縣市也有設立「少年輔導委員會」等，可提供幫助。

「我的孩子常常會偷家裡的錢。」

「我的孩子最近常在半夜出門，好像交到了壞朋友。」

除了父母可以詢問諸如此類的問題之外，當然也很歡迎孩子主動諮詢。

「我朋友邀我加入一個偷東西的團體，讓我非常煩惱。」

「我最近脾氣變得很不好，常常會做出暴力的舉動，連我自己都很害怕，不知道自己會做出什麼事。」

在很多方面，專家都能提供相當大的幫助，請務必將這一點銘記在心。

終章

能夠讓孩子變得更好的父母之愛

「老師的孩子」真的不會變壞嗎？

在孩子的教養問題上，到頭來並沒有所謂「保證成功的教育法」。

不過，相反的情況卻是成立的，也就是有些事情「父母一旦做了，孩子的教育多半會出問題」。

本書的內容，完全是以過去我對非行少年及犯罪者的心理分析結果爲基礎，父母自認爲「爲了孩子好」的許多行爲，其實都只是在折磨著孩子。我誠心希望這本書的內容，能夠爲煩惱於孩子教養問題的父母提供一些方向。

然而，我心中更大的期盼，是讓更多的孩子擁有光明燦爛的未來。

雖然說得冠冕堂皇，但我自己也不是一個完美的人。不管是身爲孩子的時期，還是身爲父母的時期，其實我的心中都有著非常多的煩惱。

因此，在本書的最後，我想要稍微聊一聊我自己的事。

常聽見有人說：「老師的孩子不會變壞」。雖然這沒有任何統計資料可作爲佐證，但我大致可以理解這種說法背後的理由。

相反地，若要問：「老師的孩子會在什麼樣的情況下變壞？」我想最主要的，應該就是以下這種情況——老師的孩子背負著較高的社會期待，容易在心態上過度勉強自己。而過度勉強自己的下場，往往就是造成反效果，導致心態扭曲，出現行爲偏差的狀況。

我自己的父親，正是一名國小老師，而且他退休前的最終頭銜，是某一間歷史悠久的明星國小校長。更糟糕的是，在我國小三年級時，父親到我上學的國小內任教。對當時的我來說，那簡直是一場噩夢。

當時在學校裡，我在每個人的眼裡都是「老師的孩子」。有時父親會在學校裡要求我幫忙跑腿，當把東西送到教職員辦公室時，甚至不知該稱呼父親「老師」還是「爸爸」。後來父親被調到其他的國小之後，才讓我鬆了一口氣。

就跟其他所有「老師的孩子」一樣，那種受到眾人期待的感覺，幾乎讓我喘不過氣來。如果再加上一些陰錯陽差，或許我就學壞了。如今回想起來，我不禁爲當時的自己捏一把冷汗。

幸好我的父親是個很注重「觀察孩子」的人，他的口頭禪是：「孩子心裡想的事情，會說出口的部分連1%都不到。」

因此，父母及老師一定要隨時觀察孩子，才能在第一時間察覺孩子的異狀。

此外，他還曾說過：「當孩子主動向父母求助的時候，事態往往已經嚴重到難以完全修復。」

說起來有點好笑，我從小到大，直到上國中一、二年級爲止，每天都與父親一起洗澡。在那段歲月裡，我每天都會和父親在浴缸裡天南地北閒聊。

父親只要一察覺我的樣子不太對勁，馬上就會問我：「怎麼了嗎？」實際上，他並沒有幫我解決任何問題，是那種永遠保持「我願意聽你說話」的態度，我覺得很棒。

每次我心情不好時，只要和父親聊一聊，就會感覺整個人變得輕鬆得多。而且遇上事情時，隨時都能找到人陪我一起煩惱，帶給我非常大的安心感。

如果我平常和父親很少說話，就算他突然把我叫到面前，對我說：「你最近好像有點怪怪的，是不是有什麼心事？」我恐怕也沒有辦法坦率說出心中的煩惱。由於父親是在我們平常閒聊的浴室裡，以若無其事的口氣詢問，所以我完全沒有感到壓力。

攤開白報紙，舉行家庭會議

於是，我從小到大完全沒有學壞，順利長大成人。結婚之後，我成了一對雙胞胎女兒的父親，開始有了身爲父親的煩惱。

我在法務省工作，調職可說是家常便飯，而且調職的地點遍及全國各都道府縣，我相信這造成我的家人們非常大的負擔。

女兒出生於仙台，住過橫濱、東京、高知、松山，後來又搬回東京。光是國小，她們就換了四個學校。當然我也可以一個人搬到調職地點，和家人分開，但經過討論之後，我們決定全家一起搬遷。

我雖然不斷調職，但工作的內容基本上大同小異，所以其實沒什麼大不了。

但我的家人們可就沒那麼輕鬆了，不同的地區，使用的語言及文化、風俗習慣都大相逕庭。家人們必須在一個全新的環境裡，從頭開始建立人際關係。

女兒們到了完全陌生的地方，心情也會很緊張。每次我看見她們眼神變得銳利、表情變得緊繃，都會感到相當心痛。

在那段時期，我會非常注重與家人們的溝通，從來不曾單方面要求孩子們遵從我的決定。我會一再提醒自己，做任何決定之前，都應該徵詢家人的意見。

後來我決定離開法務省，進入大學任教，事先也和全家人一起討論過。我建立了一個「任何重大的決定都要開家庭會議」的家庭文化。

在女兒訴說她們的煩惱時，我會非常專心聆聽，卻不會明確建議她們「應該怎麼做」，而是把自己定位爲「負責聆聽及整理孩子想法」的角色。

例如，我會在桌上攤開一張白報紙，把所有的關鍵字寫上去，然後看著紙面，告訴女兒「這個跟這個是一體兩面的事情」、「這一點應該是最重要的」之類的感想。

只要是女兒心裡有煩惱的那段時期，我們每天都會這麼做，開家庭會議成爲我們的例行公事。

讓我印象最深刻的，是女兒們要考大學的時候，我每天晚上都聽著她們訴說自己的想法。後來像是找工作時遇上的煩惱等，我們也都是完全採用相同的方式進行討論。

我的一對女兒是雙胞胎，她們升學的時間點完全相同，兩人卻有著完全不同的性格。因此，我經常攤開白報紙，把她們說的重點全部寫下來。

如今我的女兒們已經三十歲了，她們經常告訴我：「我們的家庭會議制度眞的很棒」。即使是現在，她們找我討論任何事情，我們心裡都很清楚，最後還有攤開白報紙這一招。

我打從她們小時候起，就建立起全家一起討論事情的家庭文化，所以直到現在，她們依然能很自然地對著家人說明自己的近況。其中一個女兒如今搬到加拿大，但我跟她幾乎都會以Face Time之類的APP通電話，聆聽她的煩惱。

我們一家四口隨時都在分享著自己的生活點滴，而且這不是義務，完全是自發性的行為。

友人看到我手機的LINE，總是會相當吃驚，因爲裡頭全是我和女兒們天南地北閒聊的對話。一般的亞洲家庭，父親和女兒通常不太會互相聯絡。女兒寫來的訊息，總是能讓我笑到人仰馬翻。

不過，我心中其實也有一點煩惱，雖然父女感情好是一件好事，但我的女兒似乎有點太過依賴父親了。

我不知道我的家庭算不算是一個好的例子，總而言之，「讓召開家庭會議變成一件理所當然的事」一直是我的家庭所追求的目標。

與家人們共同擁有一個「家庭的目標」

我說明自己的家庭，只是當作一個例子，並不是要告訴大家「只要這麼做，就一定能夠建立美滿的家庭」。每個家庭的狀況都不相同，沒有必要追求和別人一模一樣的家庭。

我認為應該拋開「正常的家庭一定要怎麼樣」的刻板印象，更不要認定「偏離正軌」的家庭就一定會不幸。每個家庭都可以有自己追求的目標，每個人也都應該和家人們分享這個目標。

我將這樣的觀念，命名為「建立家庭品牌」。所謂的建立品牌，來自英文的Branding，意指讓某些特定人物保有相同的感受和價值觀。原本是使用在企業或商品的概念上，但我認為很適合套用在家庭。以下針對我所構想的「建立家庭品牌」稍作說明。

首先，建立品牌還分成「內」、「外」兩個層面。「內」指的是組織內部成員；「外」指的是消費者或客戶。

以公司內部為例，建立品牌指的是所有職員共同擁有公司的理念及願景，且每個職員都把這樣的理念及願景當成自己追求的目標。如此一來，這家公司在外人的眼裡，就會具有明確的形象及價值觀。我所提議的「建立家庭品牌」，指的主要就是這個部分。

說起建立品牌，還有一個重點，那就是「差異化」。一個「隨處可見的平凡商品」，並沒有辦法成爲品牌。每一個品牌，一定都要有其附加價值。舉例來說，我們把許多件造型單純的純棉白色T恤排列在一起，每一件看起來都大同小異，功能也完全相同。在建立品牌之後，這些T恤卻能擁有完全不同的品牌價值。

例如，「我們追求的是一種能夠讓穿的人看起來更加亮麗有型的白色」，或是「我們的T恤最耐穿，就算洗一百次也不會變皺」。

每個品牌的堅持，以及所追求的價值，都不會一樣。讓公司的內部職員共同擁有一致的品牌價值，可說是相當重要。

同樣的概念套用在「家庭」，這個家不必像連續劇裡的家庭那樣華麗耀眼，甚至不必擁有任何特徵（當然有特徵也很好）。但千萬不要把這個家想像成「一個平凡的家庭」，因爲這種想法很容易產生偏誤。

說得更明白一點，其實根本不存在所謂的「平凡」或「普通」，家庭內每個成員所認定的「平凡」或「普通」，也不會完全相同。這是非常危險的一件事，很容易造成家庭內的摩擦。

例如，父母認爲自己做的每件事情都是「爲了孩子好」，在孩子的眼裡卻只是給他們「添麻煩」。當這樣的想法落差越來越嚴重時，最後就有可能陷入無法挽回的局面。

此外，「差異化」也是一個重點，指的是家庭成員心中的差異化。

當家庭成員共同擁有「我們家具有這樣的價值」，或是「我們希望組成這樣的家庭」之類的理念時，對家庭成員來說，這就是所謂的「無可取代、獨一無二的家庭」。

就算家庭的機能在運作上和其他的家庭相較起來毫無不同，甚至是比較差，對家庭成員來說，這個家庭還是具有無可取代性。

這麼一來，當家庭成員有非行、犯罪的念頭時，這個家庭就會形成巨大的「成本」，讓這個成員打消念頭。

> 透過「建立家庭品牌」，能夠讓所有的家人都變得彌足珍貴，無法被取代。

無論如何都一定要真誠面對自己的孩子

每個家庭有每個家庭的狀況，教育孩子的環境也不盡相同。

有很多家庭因爲經濟因素，父母能夠陪伴在孩子身邊的時間很短，或是沒有辦法實現孩子的心願。

此外，也不乏單親家庭，養育者甚至找不到人可以商量或訴苦。更有甚者，如果家人臥病在床或是患有殘疾，光是要維持生計都不是一件容易的事。環境越嚴苛，教養孩子就越辛苦。不順遂時，陷入沮喪也是常有的事。

我在少年鑑別所裡，經常遇到有父母拿孩子的行爲偏差問題，來詢問我的意見，其中不乏有人說出「我眞是個失職的母親」之類的話。

然而，我認爲當父母遇上這樣的狀況時，反而應該把這件事情當成一個轉機。孩子的行爲偏差本身是一個訊號，如今既然察覺了這個訊號，就可以針對問題點加以補救。

重點在於，父母不能對補救抱持恐懼。

就算是再偉大的父母，也必定會煩惱於孩子的教養問題。教養孩子這種事，可以說不如意十常八九。當父母沒有時間或精神上沒有餘裕時，很容易就會對著孩子暴跳如雷，說出「快一點」或是「要我說幾次」之類的話。

天底下沒有打從一開始就完美的父母，只能在失敗中不斷學習，逐漸讓自己變得更好。孩子會成長，就像父母也要成長。

如果感覺責罵孩子太過頭了，或是對孩子說了一句不適當的話，建議坦白告訴孩子，並且由衷道歉。

「剛剛媽媽因爲太擔心你，所以才說了那樣的話。對不起！」

只要父母誠摯面對自己的孩子，孩子一定能夠感受到父母的真誠，這正是最大的關鍵。

每個孩子都擁有敏銳的觀察力，能夠一眼就看出父母的行爲或決定，是爲了孩子，還是爲了父母自己。

假如父母只是爲了不想讓自己惹上麻煩，或者是想要爭面子才對孩子提出某些要求，即使父母一再強調「這都是爲了你好」，孩子依然可以一眼就看穿父母的心態本質。

相反地，就算父母再怎麼不善言辭，只要對孩子敞開一顆眞誠的心，孩子一定能夠體會。

就算有再多的不如意，只要父母抱持關愛之心，以最誠摯的心態面對孩子，親子之間的問題通常都能迎刃而解。

不要害怕彌補過錯！

這是我在這本書中，最想傳達給父母的一句話。

本書的內容，主要是希望父母能夠藉此檢視自己對孩子的教養方針及觀念。

這些透過對非行少年的心理分析所獲得的結論，由衷期盼能夠對所有的父母有所幫助。

給認為「我會變成這樣，都是父母的錯」的人

在閱讀本書的讀者之中，或許有些人認為「我今天會落得這個下場，都是父母的錯」。

我在少年鑑別所與非行少年對談，可以感覺到絕大部分的少年都有這種想法，但他們不見得會說出口。

「都怪他們沒有把我教好。」

「如果他們能夠在最關鍵的時候好好指導我，我就不會變成現在這樣了。」

從某些角度來看，這的確是事實。只不過，教育上的問題，不應該完全由你們背負責任。

最近很流行「父母扭蛋」這句話，意思是孩子沒有辦法選擇父母，出生在什麼樣的家庭完全是由命運來決定。

「父母扭蛋抽歪了」，意指出生在一個環境不好的家庭裡。

例如，父親沒有工作，整天遊手好閒，大白天就在家裡喝酒；母親則是每天到了晚上才出去工作；孩子就算從學校回到了家裡，也得不到父母的陪伴。像這樣的情況，孩子似乎可以理直氣壯地抱怨「都是父母的錯」。

另一方面，就算是外人眼中的理想家庭，父母也有可能只在乎工作及面子，根本不曾眞正重視過孩子的感受。像這樣的情況，孩子當然也很有可能對父母懷抱恨意。

問題是，你沒有辦法改變成長環境，這是不能撼動的事實。也無法重新回到嬰兒時期，要求父母一切從頭來過。

既然如此，你應該思考的，應該是如何接納眼前的現實，以及未來的人生該如何走下去。若想要擁有幸福的人生，這是你無論如何都無法迴避的課題。

「我會學壞都是父母的錯，我有什麼辦法？」

你絕不可以讓你的思考，停止在這一點上。把過錯全推到父母的頭上，到頭來，並不能讓你獲得任何好處。

你應該要想辦法發洩長久以來累積在心中的不滿、憤怒與寂寞，這一點相當重要，而最好的辦法是找到願意傾聽的對象。

若找不到人聽你訴苦，可以試著把內心的苦悶全部傾瀉在紙上，將心思好好整理一番，然後嘗試往前邁進，思考接下來的人生該如何讓自己過得幸福。

每個人的運勢都是起起伏伏，只要不怨天尤人、不放棄希望，終究會有時來運轉的一天。請相信光明燦爛的未來，正在前方等著你。

你說的話，對孩子是心靈雞湯，還是心靈毒藥？

作　　者　出口保行 Deguchi Yasuyuki
譯　　者　李彥樺 Yanhua Lin

責任編輯　許世璇 Kylie Hsu
責任行銷　袁筱婷 Sirius Yuan
裝幀設計　許晉維 Jin We Hsu
版面構成　譚思敏 EmmaTan
校　　對　葉怡慧 Carol Yeh

發 行 人　林隆奮 Frank Lin
社　　長　蘇國林 Green Su

總 編 輯　葉怡慧 Carol Yeh
日文主編　許世璇 Kylie Hsu
行銷主任　朱韻淑 Vina Ju
業務處長　吳宗庭 Tim Wu
業務專員　鍾依娟 Irina Chung
業務秘書　陳曉琪 Angel Chen
　　　　　莊皓雯 Gia Chuang

發行公司　悅知文化　精誠資訊股份有限公司
地　　址　105台北市松山區復興北路99號12樓
專　　線　(02) 2719-8811
傳　　眞　(02) 2719-7980
網　　址　http：//www.delightpress.com.tw
客服信箱　cs@delightpress.com.tw
I S B N　978-626-7406-62-5
建議售價　新台幣360元
首版一刷　2024年4月

國家圖書館出版品預行編目資料

你說的話，對孩子是心靈雞湯，還是心靈毒藥？／出口保行著；李彥樺譯. -- 初版. -- 臺北市：悅知文化精誠資訊股份有限公司,2024.04
面；公分
ISBN 978-626-7406-62-5 (平裝)
1.CST: 親職教育 2.CST: 親子溝通 3.CST: 子女教育

528.2　　113004511

建議分類｜親職教育・親子溝通

Printed in Taiwan